OS PORTAIS do AUTOCONHECIMENTO

PERMITA-SE! ENCONTRE-SE! REALIZE-SE!

Copyright © 2022 por Cassi Klebis
Todos os direitos reservados.

Gerente Editorial
Roger Conovalov

Preparação de texto
Tati Klebis

Diagramação e capa
Lura Editorial

Revisão
Mitiyo S. Murayama
Tati Klebis
Liana Bovo

Ilustrações
Augusto Figliaggi

DADOS INTERNACIONAIS DE CATALOGAÇÃO NA PUBLICAÇÃO (CIP)
(Câmara Brasileira do Livro, SP, Brasil)

Klebis, Cassi
　　Os portais do autoconhecimento / Cassi Klebis -- 1. ed. -- São Caetano do Sul, SP : Lura Editorial, 2022.
　　152 p.

　　ISBN 978-65-84547-95-7

　　1. Autorrealização　2. Auto-ajuda　3. Autoconhecimento
　　I. Título

CDD: 120

Elaborada por Bibliotecária Janaina Ramos – CRB-8/9166
1. Desenvolvimento pessoal .120

[2022]
Lura Editorial
Rua Manoel Coelho, 500. Sala 710
São Caetano do Sul, SP – CEP 09510-111
Tel: (11) 4318-4605
contato@luraeditorial.com.br
www.luraeditorial.com.br

Sumário

Afinal, que livro é este? 07

PARTE I – PERMITA-SE 10

   Capítulo 1   – Você se conhece? 11
   Capítulo 2   – A máquina humana 16
   Capítulo 3   – Os ciclos e a vida 22
   Capítulo 4   – Mundo confuso 26
   Capítulo 5   – Imposições sociais 29
   Capítulo 6   – Cada um no seu quadrado 33
   Capítulo 7   – Montanha-russa 36
   Capítulo 8   – Tribos urbanas 40
   Capítulo 9   – O que os outros pensam 44
   Capítulo 10 – Consciência individual
                        e consciência coletiva 48
   Capítulo 11 – A lei do retorno 52
   Capítulo 12 – Mentiras e máscaras 55
   Capítulo 13 – Amor-próprio 58
   Capítulo 14 – Permita-se 61

PARTE II - ENCONTRE-SE..64		
Capítulo 15	–	As 7 chaves do poder 67
Capítulo 16	–	Por onde começar?......................72
Capítulo 17	–	Chave material 75
Capítulo 18	–	Chave corporal 84
Capítulo 19	–	Chave emocional..........................94
Capítulo 20	–	Chave profissional.....................105
Capítulo 21	–	Chave familiar............................ 114
Capítulo 22	–	Chave íntima 121
Capítulo 23	–	Chave espiritual 129

PARTE III - REALIZE-SE..136		
Capítulo 24	–	Seu grande encontro 138
Capítulo 25	–	A chave do poder 145
Capítulo 26	–	Viva intensamente seu mundo interior......................149

A autora 151

SIM...
NÃO!!!
QUEM SOU EU?
O QUE EU FAÇO AGORA?
POSSO! NÃO POSSO!
SEI QUE CONSIGO! OU NÃO! SERÁ?
POR ONDE COMEÇAR?

Afinal, que livro é este?

Este livro faz parte do Método BE e tem como objetivo oferecer uma metodologia exclusiva para promover o processo de individuação, autoconhecimento e empoderamento pessoal. Está dividido em três partes.

A primeira parte busca promover a individuação, trazendo reflexões poderosas para que você expanda a visão de si mesmo e do mundo e, assim, PERMITA-SE entrar neste novo universo de pensamentos e sentimentos.

A segunda parte visa possibilitar o autoconhecimento, trazendo as 7 CHAVES DO PODER para que você ENCONTRE-SE.

E, por fim, a terceira parte coroa sua jornada de autoconhecimento, proporcionando o passo final do empoderamento pessoal para que você REALIZE-SE.

Este é um livro prático. A cada capítulo, você vai encontrar um exercício para praticar e desenvolver sua percepção, seu autoconhecimento e seu empoderamento, abrindo as portas para quem busca a plenitude e a felicidade.

Não se esqueça de fazer as anotações sobre seus pensamentos e sentimentos de cada prática!

Aqui começa a sua jornada

Muito se fala de autoconhecimento, empoderamento, *coaching*, *mentoring*, *mindfullness*, escolhas, psicologia familiar, constelações familiares, qual o sentido da vida...

O que está acontecendo conosco?

O que está acontecendo com as pessoas ao redor do mundo?

Por que estamos sempre buscando algo?

Qual o real sentido da vida?

E agora?

Primeiramente, saiba que você é o único responsável pelas suas escolhas, sejam elas quais forem. Você é quem detém o poder das decisões sobre sua própria vida.

O ser humano é complexo por natureza, desde sua constituição biológica, que é composta por átomos que formam as células, que formam os órgãos, que formam os sistemas, que interagem entre si e formam o organismo do ser humano, até sua rede de sentimentos, emoções e sensações, que variam entre extremos como tristeza e alegria, ódio e amor, indiferença e carinho.

A quantidade e a velocidade das informações, as inovações tecnológicas, as mudanças de valores e princípios, as diversidades culturais, a variação comportamental das sociedades, são alguns dos muitos aspectos que interferem diretamente nas decisões das pessoas e na forma como estas escolhem viver.

Neste arcabouço complexo de extremos, a busca pelo autoconhecimento é cada vez maior e torna-se indispensável para quem quer uma vida harmoniosa e feliz.

Mas como obter esse autoconhecimento?

Esta é a principal pergunta, pois ela define o caminho para obter as respostas para os questionamentos anteriores. E esta resposta eu tenho para você!

O primeiro passo é querer, é PERMITIR-SE!

Permitir-se é se abrir para o mundo e para si mesmo. É trabalhar a mente e o coração para enxergar-se, para aceitar suas limitações e explorar suas virtudes. É compreender que cada ser é diferente e tem suas próprias histórias, vivências e experiências, tornando-o alguém único.

O segundo passo é buscar uma metodologia que o ajude a estruturar e analisar todas estas percepções, é ENCONTRAR-SE.

Só que, mais importante que chegar até aqui, é conseguir fazer o terceiro passo: REALIZAR-SE, ou seja, tomar suas decisões e SER FELIZ!!! É sentir a FELICIDADE e a PLENITUDE desabrochando a cada dia!

Agora que já dei uma resposta, é sua vez!

Você QUER se conhecer?

Você QUER encontrar a felicidade?

Você QUER abrir as portas deste mundo novo?

Se sua resposta é SIM... este livro vai ser seu guia e lhe dar as chaves para encontrar o que procura. Que tal PERMITIR-SE?

PARTE I
Permita-Se

capítulo 1
VOCÊ SE CONHECE?

Você se conhece? Sabe do que gosta, do que não gosta? Você sabe separar o que você gosta do que os outros querem que você goste?

Nos dias atuais, a maior parte das pessoas olha apenas para seu próprio umbigo, são egocêntricas e quase tudo que falam é "EU isto… EU aquilo…".

Há ainda aquelas pessoas que, por não se conhecerem, utilizam como fuga dedicarem a vida totalmente aos outros, seja família, trabalho, amigos, religião, e acabam se anulando para não terem que escolher.

E uma pequena quantidade de pessoas tem equilíbrio na vida.

Não estou dizendo que as pessoas são 8 ou 80, nem que estão certas ou erradas. Estou apenas categorizando os tipos de comportamentos que vemos constantemente na sociedade atual.

Impactante expor a realidade desta maneira, não é?

Primeiro, vamos tentar entender o porquê dos comportamentos descritos. Quem olha apenas para o outro, anulando a própria vida e as próprias escolhas, utiliza isso como mecanismo de fuga, pois sente medo do julgamento dos que estão ao seu redor. Já as pessoas que só pensam em si comportam-se assim pois sentem medo, são inseguras. Precisam exagerar na demonstração de autoconfiança e autodomínio para não se sentirem vulneráveis.

O parágrafo anterior resume bem este capítulo.

Agora, vamos falar de forma um pouco mais detalhada sobre estas palavras que travam a vida das pessoas: MEDO, JULGAMENTO, FUGA e VULNERABILIDADE.

Respire profundamente e permita-se assimilar as próximas palavras sem JULGAR.

Hoje em dia, nós nos moldamos nos padrões de comportamento que a sociedade quer para nos sentirmos parte dela, parte do coletivo. Muitas vezes, fazemos algo que não gostamos para sermos parte de um grupo, ou para que nos julguem como uma pessoa legal, competente, bem-sucedida, inteligente, linda. A pressão do mundo que nos cerca é tão grande que sentimos medo de contrariar alguém por quem temos consideração, ou até mesmo de expor uma ideia.

A palavra que move as ações dos seres humanos do século XXI é MEDO. Temos medo o tempo todo. Tememos por nossa segurança, pelo que vão pensar de uma ou outra atitude que venhamos a tomar, por uma escolha que queremos fazer, desde a mais simples até aquelas que podem mudar radicalmente a vida de alguém. Mas o que tanto tememos?

VULNERABILIDADE E JULGAMENTO.

Temos medo que nos julguem, do que vão pensar a nosso respeito. Temos sentir-nos vulneráveis pois, hoje, vulnerabilidade é visto como fraqueza e não queremos parecer fracos perante as pessoas que nos amam e, muito menos, perante as pessoas que não sabemos o que pensam de nós (ou nos odeiam).

Não queremos que nos julguem, mas julgamos todos o tempo todo.

Não queremos ser fracos, mas quando vemos vulnerabilidade em alguém, julgamos ser fraqueza.

Todo esse medo assola nossa mente e nosso coração, então, buscamos a FUGA. Cada um tem um mecanismo de fuga. Uns fingem ser autoconfiantes, quando por dentro são inseguros. Outros gostam de ser chamados de "rebeldes" pois, assim, diminuem as expectativas dos que os cercam, evitando julgamentos. Há os que agem de forma agressiva, para que os julguem e não vejam suas fraquezas. Outros não ligam para nada ao seu redor, esperando o mesmo comportamento como retribuição das outras pessoas. E ainda há os que se isolam para evitar julgamentos. Esses são apenas alguns exemplos, existem muitos outros!

A questão é: temos medo de sermos ou parecermos vulneráveis. Temos medo de sermos julgados. E esse medo nos leva a buscar mecanismos de fuga da realidade.

Você se sente vulnerável?

Você sabe o que o faz se sentir vulnerável?

Sente medo?

Sabe o que lhe causa medo?

Parando para avaliar o comportamento que teve nos últimos três dias, você julgou as atitudes de alguém, seja no trabalho, em casa, no estudo, na igreja, na academia, nesta leitura, ou outro lugar?

Se você respondeu SIM para alguma destas perguntas, você é um ser humano normal. Você é uma pessoa repleta de qualidades, mas também possui alguns aspectos a serem trabalhados. O autoconhecimento ajudará a identificar estes aspectos — que são conhecidos como defeitos — e qualidades sob a perspectiva do seu universo e a encontrar seu lugar neste mundo cheio de desafios e encantos.

O autoconhecimento é um processo interno de descobertas incríveis!

Após esta pequena contextualização, vamos fazer um exercício que consiste em tentar mudar a forma como nós vemos o mundo, mesmo que por um instante, para que possamos abrir nossa mentalidade e começar a mudar a forma como nos enxergamos.

A cada minuto do seu dia e da sua noite, a cada lugar que for, a cada ação que tiver, a cada palavra que ouvir ou disser, procure não julgar o outro. Procure apenas entender o outro de uma outra perspectiva, procure enxergar as situações de um outro ângulo. Lembre-se de que, se não queremos que nos julguem, então, não devemos julgar. Mas, se o fizerem, se formos julgados, tenhamos compreensão de entender que esta pessoa passa pelos mesmos conflitos, medos e fugas que nós.

Vamos a um exemplo:

Você está dirigindo um carro e alguém dá uma fechada. Você fica muito zangado e chega até a proferir palavras de baixo calão. Neste momento, você fez um julgamento. Será que você realmente é um exímio motorista, que nunca fechou ninguém no trânsito, mesmo que sem querer, ou nunca parou um pouco em um lugar proibido para aguardar alguém, ou nunca esqueceu de dar uma seta? Ou, simplesmente, pelo fato de você saber que já foi julgado nestas ocasiões, acha que também deve se comportar como todos e julgar sem saber o que se passa na vida do outro? Sem saber se esta pessoa que fez a manobra errada pode ter acabado de perder o emprego, ou um ente querido, ou realmente não saiba dirigir muito bem. Julgar sem conhecer a história, as vivências, os sentimentos, as inseguranças, é fácil. Difícil é o nosso desafio: não julgar e enxergar as coisas que acontecem sob outra perspectiva.

Seja corajoso, enfrente o medo e não julgue!

VAMOS PRATICAR?

Busque refletir sobre situações cotidianas conforme elas foram acontecendo, tente enxergar as coisas sob outra perspectiva, procure não julgar as pessoas. Avalie se suas ações, após esta reflexão, estão sendo ações ou reações.

Agora, faça suas anotações sobre esta prática e relate suas percepções para você mesmo.

capítulo 2
A MÁQUINA HUMANA

O ser humano é algo espetacular! A cada vez que é estudado por cientistas, psicólogos e doutores, os resultados são surpreendentes, ora assustadores, ora encantadores.

O organismo humano funciona como uma máquina, formada por átomos que constituem células, que constituem órgãos, que constituem sistemas, que constituem o organismo. Como um relógio. Imagine o relógio de uma catedral, peças encaixadas e ligadas por engrenagens movidas por uma grande bateria (energia ou algo equivalente) que funcionam em perfeita harmonia.

Com o passar do tempo, esse relógio vai parando, e, quando para, trocamos a bateria, que é seu alimento. Assim, ele volta a funcionar. Mas isso não é suficiente, as peças e engrenagens precisam de manutenção pois sofrem o desgaste natural do tempo, precisam ser lubrificadas para continuarem a funcionar perfeitamente. O organismo humano é uma máquina que precisa de alimento e de cuidados específicos para funcionar bem.

Se colocarmos água no lugar da graxa no relógio, ele vai estragar e enferrujar algumas peças. Assim é o corpo humano.

Se não ingerirmos alimentos saudáveis, o corpo vai ficando doente e estragando o funcionamento de alguns sistemas, como o digestivo, por exemplo. Começam muitas dores de estômago, ou infecção intestinal, entre outros. Enfim, adoecemos nosso próprio corpo por não lhe darmos o alimento necessário para seu bom funcionamento. Guloseimas são deliciosas, mas devem ser consumidas com moderação.

O que difere o relógio do ser humano são os sentimentos e as emoções. São eles que movem cada um de nós neste mundo. Os sentimentos e emoções produzem uma energia sutil que alimenta a alma.

Se não alimentarmos nosso corpo corretamente, ele adoecerá e, consequentemente, essa energia também ficará doente. Em outras palavras, se não aprendermos a lidar com nossas emoções e sentimentos, tornando-os equilibrados, estaremos adoecendo nossa alma.

Diante disso, observamos a existência de duas necessidades principais: a do corpo — que alguns chamam de corpo físico ou matéria densa, que são várias formas de se referir à mesma coisa, portanto, aqui chamaremos apenas de corpo — e a da alma — que alguns chamam de espírito, campo energético, corpo astral ou emocional, novamente existem diversas formas de dizer e vários níveis, sendo todos impalpáveis, que não podemos tocar, mas se referem aos nossos sentimentos, emoções, sensações e pensamentos, e aqui chamaremos simplesmente de alma.

As necessidades do corpo e da alma se complementam. Se um deles estiver doente, adoecerá o outro, portanto, é vital alimentarmos as duas partes corretamente para vivermos bem. Lembra da frase "mente sã, corpo são"?

O corpo contempla dois pontos principais, os quais são fundamentais para nossa saúde física, um relacionado à alimentação e outro, à atividade física. É necessária uma nutrição equilibrada, ingerir coisas saudáveis que fazem bem para o funcionamento do organismo. Assim como o alimento, também é importante a realização de atividades físicas (diárias se possível), para que nosso organismo fique ativo e funcione bem. Lembra do relógio? A falta de atividade física é como deixar as engrenagens do relógio paradas, sem funcionar, apesar de colocar graxa (alimento). Este acúmulo de alimento (graxa) deixa o organismo preguiçoso e ele não irá funcionar bem. Portanto, fazer atividades físicas e alimentar-se de forma equilibrada são fundamentais.

Já a alma contempla um ponto cêntrico que é a ENERGIA. A energia de cada um de nós é composta por dois pilares principais que formam a base dessa estrutura: os pensamentos e os sentimentos/emoções. Os tipos de pensamentos que você cultiva influenciam diretamente suas emoções e seus sentimentos, assim como os sentimentos e as emoções que você nutre influenciam seus pensamentos. Portanto, aqui existe um grande desafio! Muitas pessoas (ouso dizer a maior parte) ficam pensando e imaginando cenas e situações e criam um mundo imaginário em sua mente, onde os envolvidos em seu contexto têm personalidades imaginárias. Em alguns momentos da vida, isso pode ser benéfico e ajudar a passar por um momento difícil, num curto espaço de tempo. Mas é também como uma droga, que vicia, vai tirando a pessoa do mundo real (tridimensional) e a colocando num mundo imaginário (dela mesma), e é sempre melhor, e mais fácil, um mundo onde você tem controle total a ter que lidar com a realidade do dia a dia.

Vamos a um exemplo simples. Você já conversou com alguém e, de repente, percebeu que a pessoa continuava falando, mas você não ouviu? Sabe por que isso aconteceu? Porque você estava pensando em outra coisa. Pode ser imaginando uma situação ou simplesmente tentando lembrar que não podia esquecer de fazer isto ou aquilo. O fato é que seu pensamento não estava ali, no momento que estava vivendo.

Outro aspecto que temos que observar é a classe de sentimentos e emoções que cultivamos. Buscar sentimentos benéficos ao nosso estado de consciência é vital para o autoconhecimento. É como uma planta, que se você semear e cultivar vai florescer e dar frutos. Então, semear e cultivar sentimentos benéficos fará florescer e dar frutos deste mesmo nível energético. Mas sem utopias de sempre dizer: "Estou bem!" (chorando por dentro) ou "Gratidão!" (banalizando o significado desta palavra poderosa), ou ainda, "Positivismo sempre!" (sem compreender a dualidade dos extremos). De nada adiantará verbalizar essas frases e cultivar sentimentos de derrotismo dentro do coração. Somos humanos, temos momentos de altos e baixos. Tudo passa, momentos bons e ruins. Precisamos aprender a lidar com os sentimentos e as emoções de ambos.

Entendendo um pouco do funcionamento do ser humano, percebemos que ele tem duas necessidades principais: a do corpo, que se divide em alimentação e atividade física, e a da alma, que se divide em pensamentos, emoções e sentimentos.

Vamos para a parte prática?

O primeiro desafio é você auxiliar seu corpo, alimentando-se bem e fazendo exercícios. Se já o faz, PARABÉNS! Caso ainda esteja com este desafio apenas em pensamento, vamos começar a praticar? Você consegue! Apenas alguns minutinhos e você irá perceber o quanto isso é bom para seu organismo e buscará por mais e mais tempo.

O segundo desafio tem duas etapas: a primeira consiste em não se deixar contaminar pelo mundo imaginário. Observar seus pensamentos e tentar focar no momento. A segunda é lutar contra sentimentos de derrotismo, ira, frustração e tristeza. Buscar sentimentos leves e benéficos no dia a dia. Mas cuidado para não fugir dos sentimentos negativos criando uma fantasia de emoções positivas!

Capítulo 3
OS CICLOS E A VIDA

Muitos estudos mostram que o ser humano passa por ciclos de sete anos ao longo de toda a sua vida. Tanto no corpo como na alma.

O QUE ISSO QUER DIZER?

Segundo muitos estudiosos, o corpo humano tem suas células renovadas completamente a cada sete anos. Em outras palavras, as nossas células corporais vão se renovando sempre, em ciclos diferentes de acordo com o tipo de célula. Algumas se renovam em ciclos de minutos, horas ou dias. Outras levam mais tempo, até anos. E, a cada sete anos, seu corpo faz uma renovação celular completa, dos mais diversos tipos de células. Isso faz com que estejamos sempre passando por mudanças.

MAS E A ALMA?

Esta também tem ciclos de sete anos. Já ouviu falar que os relacionamentos passam por crises de sete em sete anos? Isso acontece pois nossos pensamentos e sentimentos também passam por ciclos. Alguns desses sentimentos e pensamentos se renovam em ciclos de segundos, minutos, horas ou dias, e outros podem levar muito tempo, até anos. E, a cada sete anos, passamos por transformações de classes de pensamentos, como um todo, em nossa alma. Isso acontece por causa das vivências, experiências e escolhas que fazemos ao longo do tempo. Elas vão se juntando e fortalecendo nossas classes de sentimentos e pensamentos, transformando nossa forma de ver a nós mesmos, os outros e o mundo. O conceito de amizade muda conforme os ciclos da vida passam. Mesmo os amigos, continuando os mesmos ou não, a forma como enxerga a amizade se transforma.

É importante lembrar que não apenas você ou eu passamos por isso, mas todo ser humano também, sabendo ou não o que está acontecendo consigo mesmo.

Podemos dizer que a cada sete anos mudamos nossos estados físico e emocional. Neste período, teremos fases de empolgação e inquietudes, e outras de quietude e introspecção.

Agora que você já sabe do ciclo dos sete anos, outro aspecto relevante a ser tratado aqui é que, assim como nós temos ciclos para o corpo e a alma, tudo no mundo tem ciclos. Por exemplo: o dia e a noite, as estações do ano (primavera, outono, verão e inverno), os anos, as estabilidades e instabilidades econômicas, as estratégias e ações empresariais ou políticas, tudo isso é cíclico.

Quando se fala em ciclos, não quer dizer voltar à estaca zero, ou seja, ao ponto de partida. Tudo se transforma no mundo e, quando um novo ciclo inicia, ele começa numa nova perspectiva. Um exemplo que facilita esta compreensão seria um jogo de videogame. Começa-se no nível 1 e vai evoluindo até que as vidas do personagem acabem, aí reinicia-se o jogo novamente do zero ou do início da fase. O que mudou? As suas vivências e experiências agregaram valor ao ciclo, então a forma como o jogador reinicia o jogo já é sob uma nova perspectiva. Ele pode ter aprendido a ir mais rápido ou melhorar nos primeiros momentos, ou pode se zangar e ter as mesmas dificuldades da vez anterior. O que se quer transmitir neste exemplo é que, apesar de tudo ser cíclico, tanto o ponto de partida quanto a percepção do ator principal podem mudar. Os ciclos se iniciam e reiniciam em escalas e condições diferentes. O pulo do gato é como você age ou reage durante esses períodos?

A vida é cíclica, seja de uma planta, um animal ou um ser humano, que nasce, cresce (infância e juventude), se reproduz, se desenvolve (adulto) e morre. E esta roda da vida finaliza e se reinicia, numa nova oportunidade continuamente.

Outro aspecto cíclico são os acontecimentos. Tudo que acontece ao nosso redor traz algum ensinamento, algum APRENDIZADO. É como uma escola, você estuda, aprende e passa de ano. No ano seguinte, estuda coisas novas, aprende e assim sucessivamente. Mas o que acontece se você não aprender? Em vez de passar de ano, você reprova e estuda tudo de novo no período seguinte. Nos outros acontecimentos da vida, este ciclo também se repete. Você passa por uma situação X, se você não aprender o necessário, aquela situação torna a acontecer de novo e de novo e de novo. Quer dizer, se você não obteve o aprendizado daquela experiência, vai passar por ela novamente até que aprenda. Um exemplo comum que se ouve muito é sobre relacionamentos amorosos tóxicos, em que uma pessoa é sufocada por outra por ciúmes ou possessividade e, depois de algum tempo, ouve-se essa pessoa relatando que está em um novo relacionamento igual ao anterior. Neste momento, vem a frase clássica: "Só atraio este tipo de pessoa. O que há de errado comigo?". Você consegue responder esta pergunta? Simples, há algo que não foi percebido, faltou algum aprendizado. É necessária uma reflexão para compreender qual o padrão, aprender e mudar. Se quer um resultado diferente, não continue fazendo a mesma coisa. Mude. Agir da mesma forma e esperar efeitos diferentes não faz sentido e não vai mudar nada.

VAMOS PRATICAR?

Este será um exercício de introspecção. Retire alguns minutos do seu dia ou da sua noite para fazer esta reflexão. Você irá refletir rapidamente sobre momentos marcantes desde sua infância até o dia de hoje e tentar identificar os ciclos já vividos, isto é, os ciclos de seu corpo, de seus sentimentos e de seus pensamentos. Durante essa reflexão, procure não absorver as sensações dos momentos vividos, apenas assista como a um filme. Isso é importante para não ser engolido pelas emoções e deixar de identificar os ciclos. Busque, também, os padrões que você possui. Este é um gatilho importante para o autoconhecimento.

capítulo 4
MUNDO CONFUSO

O mundo globalizado trouxe muitos avanços tecnológicos e muita informação. Trouxe um mix de culturas e diversidade em todos os aspectos, tanto positivos, quanto negativos. Para lidar com tudo isso, o ideal seria que as pessoas fossem mais maduras, sabendo respeitar as diferenças e lidar com elas. Mas, quando se olha as notícias mundiais, percebe-se que a falta de tolerância e respeito predomina na sociedade atual. Hoje, tem-se muita informação e pouca sabedoria para tratá-la, ou seja, muitas pessoas não conseguem respeitar a diversidade.

Os meios de comunicação estão repletos de conteúdos ora verídicos, ora *fakes*. São tantas informações, sobre tantos assuntos, que às vezes nem sabemos sobre o que pensar ou desenvolver uma opinião a respeito de algo. Não conseguimos filtrar, identificar o que é fato, o que é "correto", o que é "justo". Temos muita informação e não sabemos utilizá-la. Nossa mente fica cheia de dados, reais ou inventados, e em nosso coração o vazio aumenta. Neste "ciclo", buscamos mais informações, enchemos mais nossa mente e o vazio do coração não vai embora. E, assim, vamos a cada dia nos sentindo mais sufocados. Isso é fruto de nossas escolhas e atitudes.

Os meios de comunicação são excelentes para aqueles que sabem dosar e utilizar. Quantidades sem fim de ideias, imagens, sons e sensações são transmitidas pela televisão, pelo rádio, pelo computador, pelo celular ou pelas redes sociais.

Estamos tão sobrecarregados de informações externas que não temos tempo para nos conhecer, entender e trabalhar a nós mesmos.

Essa infinidade de conteúdos acaba sobrecarregando a mente, nos deixando confusos e com sentimentos e emoções alternando entre extremos. Ora estamos atentos, ora desligados ("no mundo da lua"). Ora estamos felizes, ora estamos com uma tristeza sem fim. Isso não é saudável, nem para o corpo, nem para a alma.

Uma forma muito usada para exemplificar isso é pensar em nossa mente como um computador. Se o enchemos demais de informações e programas que não são importantes ou não vamos utilizar, ele vai sobrecarregando e ficando cada vez mais lento, podendo até mesmo travar (sabe aquela sensação de que você não consegue mais raciocinar?). Além do que, se você absorver informações *fakes* ou errôneas, elas terão efeito como se fosse um vírus em um computador, causando mais e mais confusão.

Isso tudo afeta não só nossos pensamentos, mas alcança também nossos sentimentos e emoções, mudando nossos princípios e valores, sobrecarregando nossa alma. Já ouviu alguém dizer que está emocionalmente ou psicologicamente esgotado?

O excesso de informações pode prejudicar tanto nossas classes de pensamentos como de sentimentos.

Lembre-se de que as informações são essenciais nos dias atuais, são fundamentais para se desenvolver e viver em comunidade. O alerta dado neste capítulo é para o excesso, a sobrecarga de informações, principalmente as inúteis, que não agregam para sua vida.

É importante utilizar os meios de comunicação com sabedoria, aprendendo a filtrar, discernir e absorver o que é relevante. Para tanto, existe uma técnica, cuja autoria é atribuída a Sócrates, mas não se tem certeza. Essa técnica faz três perguntas para as informações que você recebe e, também, para as informações que você vai replicar. Pergunte-se: é verdade? É útil? É bom? Se as respostas para essas três perguntas forem SIM, essas informações são importantes. Caso tenha alguma resposta que seja NÃO, cuidado para não tomar como verdade uma informação *fake* e propagá-la. Isso é fofoca. Fofocas não são saudáveis para os relacionamentos, nem com as pessoas que nos rodeiam, nem com nós mesmos. Com essas perguntas, é possível fazer um filtro preliminar e buscar o DISCERNIMENTO das informações que absorvemos e repassamos.

VAMOS PRATICAR?

Nos próximos dias, quando receber informações ou for repassar uma a alguém, faça-se as três perguntas de Sócrates (É verdade? É útil? É bom?) e reflita sobre a importância disso na sua vida. Vale a pena gastar tempo com essa informação? A fonte é segura? Vale a pena repassá-la?

capítulo 5
IMPOSIÇÕES SOCIAIS

Fala-se muito em liberdade, em direitos, em diversidade, porém, as imposições sociais continuam massacrando muitas mentes brilhantes, muitos corações bondosos, muitas pessoas de bem. E tudo isso por quê? Porque na sociedade em que vivemos, sofremos várias imposições, onde temos, na maioria das vezes, que escolher entre ser aceito e bem visto pelo grupo que nos rodeia, ou lutar e expor quem realmente queremos ser.

Esse é um contexto bem delicado, no qual as pessoas ficam na defensiva e alguns comportamentos advêm disto, como estes extremos: a pessoa torna-se submissa e toma a opinião do outro como verdade e comporta-se como lhe é ditado, concordando ou não. Ou a pessoa quer demonstrar sua própria opinião e impõe ao outro suas vontades, ferindo ou não os valores alheios.

Para facilitar este tema, vou usar um exemplo simples. Eu acho a cor verde mais elegante e você, a vermelha. Quando eu imponho que, se para mim e o grupo com o qual vivemos o verde é mais elegante, você também deve pensar assim, neste cenário você pode:

- Acatar minha imposição e aceitar que verde é mais elegante.
- Dizer concordar e na verdade não concordar.
- Rejeitar minha opinião e discutir.

Ou ainda, pode rejeitar e respeitar, dizendo algo do tipo: "Respeito sua opinião em achar que o verde é mais elegante, assim como a maioria, mas eu prefiro a vermelha."

Para cada cenário, teremos vários desdobramentos possíveis, como no exemplo citado. Neste contexto, é necessário entender que as pessoas são diferentes e podem ter opiniões divergentes, mas o respeito deve ser uma característica comum entre todos que habitam o planeta Terra.

Outra forma de ilustrar as imposições sociais são as religiões. Num mundo onde predomina a intolerância religiosa, é muito difícil falar em tolerância e respeito mútuo. Cada religião tem um posicionamento, e, raramente, elas respeitam as demais. Existe um discurso velado em que se diz que se respeita as outras religiões e as escolhas das pessoas que optam por elas, porém, estão sempre apontando o dedo ou recriminando algo. Se, quando o assunto é espiritualidade, existe pouca tolerância e respeito, o que poderíamos esperar de outros posicionamentos sociais? É preciso compreender que as imposições sociais são reflexos da intolerância e da falta de respeito consigo mesmo e com o próximo. Note que não estamos falando de regras e leis básicas de convivência, pois estas são necessárias para a vida harmônica em sociedade, desde que possuam o respeito como base norteadora.

Temas como religião, futebol, política, gênero, racismo e minorias são altamente polêmicos e, se não houver tolerância e respeito, geram muitos conflitos. Conflitos que podem desfazer famílias, criar inimizades e até guerras.

Tem uma frase clichê que representa muito bem o que estamos falando aqui: "Liberdade não é sinônimo de libertinagem." Liberdade é podermos expor nossas opiniões e respeitar as dos outros. Libertinagem é aquilo que se faz com a desculpa que quer liberdade, mas falta com o respeito ao outro e ao ambiente em que se vive.

Vivemos em sociedade, e para que a convivência seja harmônica, é primordial respeitar as leis estabelecidas, o espaço próprio e o do outro. Algumas sociedades têm regras mais rígidas que outras e, nesse sentido, ressalta-se a importância do sentimento de pertencimento ao grupo pelos valores que temos no coração. Não devemos querer que os outros pensem e sintam como nós mesmos. Somos indivíduos diferentes, com pensamentos e sentimentos diferentes e a vida em sociedade é uma mistura de respeito e equilíbrio entre todos.

RESPEITO a si mesmo e aos que nos rodeiam é essencial.

VAMOS PRATICAR?

Observe na sua vida e ao seu redor o que você faz porque gosta (sabe ser o certo com o coração) e aquilo que lhe é imposto socialmente. Analise essa situação. Analise sua opinião. Identifique se isso faz bem a você e às pessoas que o rodeiam. Amplie sua visão para o cenário social. Avalie esta cena saindo dela, tente ser neutro. Enxergue como essa situação poderia ser benéfica a você e ao grupo equitativamente. Realizar este exercício, saindo da cena e olhando de fora, auxilia na compreensão dos "quês" e "porquês" das imposições sociais e como podemos lidar com elas. Como está o seu respeito e tolerância em relação a você mesmo e ao próximo?

capítulo 6

CADA UM NO SEU QUADRADO

Quando se fala de direitos e deveres, as pessoas logo relacionam a hierarquias. Há que se entender a diferença. Hierarquia nada tem a ver com direitos e deveres. Hierarquia trata da escala de responsabilidade que cada indivíduo tem sobre suas decisões e de como estas afetam o próximo. Quanto mais alto você está na hierarquia, maior a responsabilidade que tem sobre as decisões que toma e as consequências destas para si e para o coletivo. Esta correlação também se aplica a pessoas públicas, pois seus comportamentos e opiniões influenciam diretamente seus fãs nas mais diversas formas possíveis e imagináveis. Esta situação é muito fácil de ser exemplificada: um apresentador de TV que trabalha com público infantil foi flagrado (fora do trabalho) fazendo algo "politicamente incorreto", como jogar lixo no chão, e será recriminado e rechaçado pelo público, pois ele deveria ser um exemplo, uma vez que tem o poder de influenciar a formação de valores nas crianças. Portanto, neste caso, a responsabilidade sobre seus atos se torna maior por causa da repercussão que provoca socialmente.

Já direitos e deveres todos temos. Cada grupo social, influenciado por sua estrutura política, cultura e costumes, tem um arcabouço de leis que visam a uma vida harmônica e ao bem-estar social das pessoas que o compõem.

Para viver em sociedade, é necessário conhecer e praticar tanto os direitos quanto os deveres, embasados nas regras e nos valores (princípios) locais.

Quando se trata deste assunto, muitas pessoas se sentem como peixes fora da água, pois não compreendem parte desses direitos e deveres. O entendimento dos "quês" e "porquês" é essencial para tornar a prática da vida cotidiana saudável e não nos sentirmos como dito no capítulo anterior, vítimas das imposições sociais. Entenda que nenhuma estrutura social é perfeita, em todas haverá coisas com as quais ora concordamos, ora discordamos. Por que isso acontece? Porque a sociedade é composta por seres humanos, e todos são passíveis de erros e acertos. Além disso, a sociedade também passa por ciclos e vai mudando um pouquinho a cada dia, assim como nós e nossa perspectiva de mundo, de certo e de errado.

Neste contexto, é fundamental entender os direitos e deveres que temos enquanto cidadãos daquela comunidade e enquanto seres humanos. É primordial agir com respeito ao próximo, lembrando que na sua comunidade todos estão no mesmo barco e devem remar na mesma direção. Caso remem em direções diferentes, o tempo passará e a comunidade definhará, seja por meio de conflitos velados ou guerras.

Em um aspecto mais amplo, o respeito entre as sociedades ao redor do mundo e o estabelecimento de regras de convivência entre elas, torna-se latente. As comunidades têm, também, direitos e deveres que precisam ser cumpridos a fim de evitar conflitos de ordem mundial. Como exemplo disso, podemos ver a intolerância com que alguns países tratam outros, ou ainda, a falta de respeito com o coletivo tendo atitudes que ameaçam os seres humanos mundialmente.

Aqui, temas polêmicos serão tratados, pois precisamos sair de nossa zona de conforto para buscar o autoconhecimento, mas partidos não serão tomados e nem mesmo serão expressadas opiniões pessoais, tendo em vista o respeito a você. O foco é o despertar da CONSCIÊNCIA INDIVIDUAL e contribuir para a CONSCIÊNCIA COLETIVA. Precisamos nos permitir pensar e sentir.

VAMOS PRATICAR?

Você sabe quais são seus direitos e deveres? Você os pratica? Você consegue identificar na comunidade (bairro, cidade, estado e país) em que vive como a convivência poderia ser melhor para todos se as pessoas praticassem seus direitos e deveres? Tente buscar uma situação do seu cotidiano para enxergar o conceito apresentado.

Capítulo 7
MONTANHA-RUSSA

Para falar de montanha-russa ou altos e baixos, é preciso recordar o capítulo em que tratamos sobre os ciclos. Lembra-se de que foi explanado que tudo no mundo e no universo é cíclico? Tudo passa por ciclos, o corpo físico, as plantas, as sociedades, os planetas, os pensamentos e os sentimentos. Esses ciclos têm durações variáveis, alguns levam minutos, outros anos e outros, eras inteiras.

  Os grupos sociais também passam por ciclos. Ora a economia daquele local vai bem, ora ela declina, depois volta a melhorar e assim por diante. A lua, mensalmente, passa por ciclos, que são suas fases. A existência é cíclica. A planta é uma semente, que germina, cresce, floresce, frutifica, gera novas sementes, permanece por um tempo e perece, logo uma nova semente germina e assim por diante.

  Tal como é em cima, é embaixo, portanto, sempre existirão ciclos: cosmicamente, politicamente, socialmente, economicamente, humanamente, sentimentalmente...

  Todo ciclo tem seu esplendor e seu extremo oposto, o esgotamento. Ora esse ciclo está no seu ponto mais alto, produtivo e esplendoroso, ora ele vai ao lado oposto e mostra-se no ponto mais baixo, parado e caótico.

Os altos e baixos internos de cada um também são assim. Cada pessoa tem seus próprios ciclos. Então, neste momento, sua classe de sentimentos estará dentro de um ciclo e com uma tendência a algum destes extremos.

Quando estamos bem, fica fácil lidar com os problemas e as adversidades que aparecem em nossa vida, mas quando estamos mal, qualquer situação se torna difícil de resolver, podendo chegar a ser caótica. Estamos, de tempos em tempos, oscilando entre a alegria e a tristeza, pensamentos eufóricos e melancólicos. Estes sentimentos de alegria e tristeza podem se manifestar em outras variações, como compaixão e ira.

MAS POR QUE ISSO ACONTECE?

Assim como a Lua influencia as marés, os astros, a energia cósmica também influencia as classes de pensamentos e sentimentos que nós temos.

Neste sentido, é necessário ter maturidade para conseguirmos identificar quando estamos próximos desses extremos e compreendê-los. Hoje você está bem, amanhã nem tanto. Mas está tudo bem. Você é um ser humano que, assim como as pessoas que o rodeiam, também são. Somos um arcabouço complexo de sistemas físicos (organismo), pensamentos e sentimentos. Assim que você começa a ter a percepção do momento em que se encontra, fica mais fácil trabalhar todas as classes de sentimentos, pois você se percebe de uma forma diferente e passa a ter mais autorrespeito pelo momento em que está.

O ser humano, por sua natureza e cultura (neste caso independe de qual), tem a tendência ao apego. Apega-se a coisas e objetos, animais, pessoas, pensamentos e emoções. Esse apego é prejudicial, pois, da mesma forma que nos apegamos a um momento de felicidade para nos dar forças, nos apegamos a sentimentos de derrotismo, por exemplo, e passamos a nos autoboicotar. O apego funciona como uma válvula de escape, transmite uma falsa sensação de segurança. É vital trabalhar esta questão. Não está sendo afirmado aqui que todos devem ser 100% desapegados de tudo, mesmo porque as pessoas confundem apego com respeito, consideração, carinho, etc. O apego que prende você a algo, a alguém ou a um sentimento é ruim, pois ele limita e induz a comportamentos que podem não condizer com sua essência. Esse mesmo apego é um impulso aos extremos de altos e baixos que estamos tratando neste capítulo.

Independentemente do momento em que esteja, lembre-se: NÃO HÁ MAL QUE NUNCA ACABE, NEM BEM QUE DURE PARA SEMPRE.

Portanto, aproveite cada momento e sentimento bom que vier para sua vida e busque forças para lidar com as adversidades. Afinal, elas vão passar e dias melhores (que os ruins e os bons que passaram) virão.

Todos, sem exceção, temos altos e baixos, como uma montanha-russa.

A palavra-chave deste capítulo é EQUILÍBRIO.

Para conseguir manter-se equilibrado, primeiro você precisa aguçar sua percepção sobre si mesmo (sem autojulgamentos). Segundo, você precisa respeitar-se e, terceiro, entender que tudo passa.

VAMOS PRATICAR?

Você consegue identificar em que momento está? Dos altos e baixos da vida, você está mais perto do alto ou do baixo? Da alegria ou da tristeza? Reflita e tente se enxergar neste momento. Lembre-se de se respeitar. Agora expanda sua compreensão e:

- Se estiver num dos baixos momentos da vida, busque equilibrar-se (nas pequenas coisas do dia a dia), pois isso vai passar.
- Se estiver num dos altos momentos da vida, aproveite e desfrute cada oportunidade.

Lembre-se: você é um indivíduo único e maravilhoso!

capítulo 8
TRIBOS URBANAS

Atualmente, com a descaracterização do certo e do errado, muitos jovens e adultos não sabem ter discernimento nas situações cotidianas.

Lembra-se dos extremos do capítulo anterior? As pessoas estão cada vez mais extremistas em seus posicionamentos e atitudes, o que causa um aumento de pensamentos extremistas, dividindo as sociedades em grupos que querem impor sua própria visão, sem respeitar o próximo. Porém, esses mesmos grupos clamam por respeito.

Neste círculo vicioso de apontar o dedo para o outro em vez de se autoavaliar em relação ao comportamento social, surgem os conhecidos como rebeldes sem causa, os grupos de MIMIMI e os justiceiros.

Mas quem são esses três grupos ou essas tribos urbanas?

Costuma-se chamar de rebeldes sem causa aqueles adolescentes que se revoltam contra a estrutura, as leis e a cultura de onde vivem, se revoltam contra seus pais e familiares. Às vezes, revoltam-se contra sua própria vida, na maioria das ocasiões sem nem ao menos saber o "porquê". Apesar de ser um assunto delicado, é importante refletir que a grande questão aqui é que eles acham que têm razão e que o mundo, e todos, estão contra eles. Não estou afirmando que estão errados, nem que é certo este tipo de comportamento. Afirmo, sem medo de me equivocar, que são imaturos e, por vezes, inconsequentes. Neste cenário, temos muitos rebeldes sem causa adultos, pois isso não é uma exclusividade dos adolescentes. Mas se revoltar contra o sistema é errado? Não é uma questão de certo ou errado, e sim da forma como se faz. Prejudicar a si mesmo ou ao próximo para expor sua revolta é errado. A revolta pode ser exposta sem lesar os que nos rodeiam. Com respeito.

Já os MIMIMI (como eu apelidei), são grupos em que qualquer coisa que seja apresentada socialmente ou politicamente ou religiosamente ou na vertente que for, causa uma comoção indescritível. Entenda, não estou colocando rótulos, apenas classificando o comportamento para podermos analisar e aprender a lidar com os que nos rodeiam com respeito. Esse grupo se sente ofendido com tudo, entende que tudo que acontece ao seu redor é da sua conta. Por exemplo, a pessoa mora em um prédio com três elevadores e expõe aos demais condôminos que viu alguém sentado no hall por 3 horas e não acha isso correto, pois o hall, apesar de ter sofás, deve ser um local de trânsito de pessoas. Uma outra pessoa responde que não vê problema nenhum pois se há lugar para sentar, pode ficar lá se quiser. E estabelece-se uma discussão por conta disso. Consegue ver a perda de tempo dessa discussão? O MIMIMI em ficar implicando com a vida alheia, já que ninguém está sendo prejudicado neste contexto?

Ainda nesta categorização, vamos entender o que são os justiceiros. São os grupos de pessoas que, com a desculpa que estão sendo justos conforme esta ou aquela lei, querem impor suas opiniões e formas de comportamento. Notem que, aqui, estamos falando de um grupo que utiliza este argumento para impor seu posicionamento aos demais. Esse grupo entende que tudo que expõe e faz é verdade e em prol do coletivo. Há que ter cuidado, pois apesar de acontecerem muitas injustiças no mundo, temos a responsabilidade de nos portar de forma a não prejudicar os outros, mesmo achando que merecem. Cabe às autoridades competentes agirem para que se cumpra esta ou aquela lei.

As situações apresentadas são corriqueiras e, se você parar para pensar, se verá no meio de várias similares, de propósito ou não. Temos pessoas nesses grupos que convivem conosco e, muitas vezes, fazemos parte desses grupos. Daí vem a necessidade de ter TOLERÂNCIA E DISCERNIMENTO. Todos esses grupos têm algo em comum. Eles se colocam fora da cena e julgam, mas, como falamos anteriormente, ninguém quer ser julgado.

Portanto, esta abordagem é para que você reflita a respeito de seu comportamento em relação ao meio em que vive. Lembre-se de que cada indivíduo vem com uma bagagem diferente de vivências e experiências da vida, e cada um tem uma mala diferente de valores e princípios. Não sabemos o que as pessoas ao nosso redor viveram, estão vivendo e sentindo.

VAMOS PRATICAR?

Busque alguma situação que você tenha vivenciado, dentro de um dos grupos apresentados (rebeldes sem causa, MIMIMI ou justiceiros) e reflita:

- Você conseguiu compreender a situação sem julgar?
- Você percebe seu grau de tolerância quanto a esta situação?
- Você consegue discernir o que é a exposição ou imposição de uma opinião e se isso pode prejudicar alguém?
- Quando em uma situação similar, como você se comportaria após esta reflexão e compreensão?

capítulo 9

O QUE OS OUTROS PENSAM

Sabe, uma vez estava conversando com uma amiga e, durante a conversa, disse que eu não era boa em dançar. Ela ficou revoltada e me respondeu: "Para de se autodepreciar!" Então eu disse: "Verdade, sou é muito boa nisso!" E ela respondeu: "Também não precisa ser arrogante!" Parei e fiquei olhando-a, reflexiva. Momentos depois, pude entender a situação: seja numa ou noutra perspectiva, sempre terá alguém para julgar nossas afirmações. Sempre haverá aquele que concorda e aquele que discorda do seu ponto de vista.

Esta foi uma situação real que, apesar de superficial, me inspirou a introduzir este capítulo.

As pessoas estão o tempo todo preocupadas com o julgamento alheio. A sociedade parece um júri, estamos sendo julgados pelos que nos rodeiam (ou não) e julgamos os que estão a nossa volta.

Nós nos preocupamos a todo momento com o que os outros vão pensar a nosso respeito. Muitos exemplos ilustrativos me vêm à mente, e tenho certeza que você já conseguiu visualizar vários também.

Uma mulher quer pintar o cabelo de azul, mas é advogada. Os clientes que ela abordar logo a julgarão pela cor do cabelo, antes mesmo de ela pronunciar qualquer palavra. Logo, ela não o pinta por receio do julgamento destas pessoas. Note, o julgar errado ou certo uma advogada ter cabelo azul não é de todo um problema, o problema é atribuírem a competência profissional dela à cor do cabelo.

Certa vez, uma colega me disse que não iria comigo a um show de K-pop pois era adulta e tinha uma posição social a preservar. Detalhe: ela gosta deste estilo de música, porém, se priva de algumas coisas com medo do julgamento social.

Obviamente que temos que ponderar sobre as pessoas que afetamos com nosso comportamento e lembrar que existe uma responsabilidade social sobre ele. Ensinamos nossos filhos que não é certo jogar lixo na rua, mostramos uma situação assim e explicamos que é errado, depois vamos lá e jogamos um papel de bala no chão e, quando nosso filho pergunta "Mas não é errado jogar lixo no chão?", respondemos sorrindo que "Isto é um processo de geração de emprego!". O mesmo acontece quando corremos para pegar uma vaga no estacionamento onde já tinha alguém esperando, ou fechamos um veículo no trânsito, ou furamos uma fila. Devemos ser coerentes. Os pais são exemplos para os filhos, as figuras públicas são exemplos para novas gerações, portanto, estas pessoas devem assumir as responsabilidades atribuídas a elas pelo que são.

Note como as situações são diferentes: uma coisa é agir assim ou assado por uma RESPONSABILIDADE, respeito e exemplo ao próximo como no caso do lixo. Mesmo que você queira jogar o lixo no chão, é errado. Outra, bem diferente, é você querer fazer algo normal, que não é errado, mas não faz por pressão ou julgamento alheio.

A estrutura social atual faz com que esta preocupação com a opinião alheia seja cada vez maior, pois as pessoas se acham especialistas para julgar as atitudes dos outros e são, ao mesmo tempo, mais extremistas. Portanto, num mundo onde o network, ou seja, a rede de contatos, faz você estar ou não inserido no meio em que vive, é difícil equilibrar as coisas.

Vou utilizar um exemplo próprio. Eu não gosto de camarão, mas frequento peixarias e como outros tipos de frutos do mar. A maior parte das vezes que estou em um lugar que estão servindo camarão, recuso e agradeço discretamente. Logo as pessoas me perguntam: "Você é alérgica?" E eu explico que "Não sou alérgica, apenas não gosto tanto do sabor, e se puder escolher, opto por não comer". Geralmente o que escuto a seguir é: "Impossível, todo mundo gosta de camarão! É muito bom! Você tem que comer!". Houve um tempo em que ouvir isso ou saber que poderia ouvir me fazia comer um ou dois apenas para dizer que comi, pois me preocupava com o julgamento das pessoas ali presentes. Mas, com o tempo, entendi que isso não poderia ser um fator determinante para as pessoas gostarem ou não de mim, então, resolvi ser sincera, ter a compreensão e a paciência necessárias para explicar meu posicionamento e não ligar para os comentários pejorativos que poderia ouvir depois. Hoje, sou bem resolvida quanto a isso e não descarto a possibilidade de um dia me tornar apaixonada por camarão.

Outro exemplo simples que me vem à cabeça é uma pessoa que deseja fazer uma tatuagem. É maior de idade, mas tem medo do que vão pensar dela. Por que temos que ter esse tipo de medo? Respondemos pelas consequências de nossos atos e escolhas, sejam quais forem.

Aquilo que se deseja fazer e não prejudica a si mesmo, nem ao outro, nem ao ambiente em que se vive, não há motivo para não o fazer. Seja autêntico! Busque seus sonhos!

VAMOS PRATICAR?

Encontre um ambiente tranquilo onde possa refletir.

1. Lembre-se de uma situação na qual você deixou de fazer algo que gostaria por medo do julgamento dos outros. Pondere sobre os motivos e aquilo que realmente faria bem ao seu coração.

2. Lembre-se de algo que deseja fazer e tem medo do julgamento alheio. Pondere. Caso você consiga se autoapresentar bons motivos para não o fazer, compreenda e continue sua vida, isto não é uma opção no momento. Caso, na sua análise, você consiga perceber que aquilo não o prejudica, nem aos outros ao seu redor, está esperando o quê? Faça!!!

capítulo 10
CONSCIÊNCIA INDIVIDUAL E CONSCIÊNCIA COLETIVA

Após uma vasta apresentação de assuntos polêmicos, profundos e relevantes, que nos levam a pensar no coletivo e em nós mesmos como indivíduos diferentes e, ao mesmo tempo, partes do todo, vamos expandir nossa visão de mundo.

Já passou por uma situação em que você se pegou pensando em algo inovador e que não conhece e, algum tempo depois, viu alguém falando exatamente aquilo?

Já pensou em um produto ou negócio e, depois de um período, percebeu alguém concretizando aquilo que você idealizou mentalmente?

Já vi isso acontecer com marca de roupas. A mãe de uma amiga a chamava de um apelido carinhoso, que ela havia criado. Aproximadamente oito anos depois, surgiu uma marca local de roupas com o apelido. Aí a mente já pergunta, será que um roubou a ideia do outro? Provavelmente não! As palavras, mesmo após ditas, continuam ecoando em vibração. Alguém absorveu e transformou aquele apelido em marca. Simples.

Isso acontece, pois os pensamentos são energias que vibram o tempo todo. Parte do que pensamos flui através de nossas mentes em forma de ondas energéticas que continuam vibrando e expandindo, flutuando no mundo impalpável que nos rodeia. Esses pensamentos são captados por outras mentes, de outras pessoas, que os tornam partes delas, ou seja, você também capta pensamentos criados por outros e estão fluindo ao seu redor. Tudo são ondas energéticas, que são transmitidas e captadas por pessoas com o mesmo nível vibracional que você naquele momento.

A consciência coletiva funciona como ondas que vão se conectando a cada um de nós, levando-nos a um emaranhado de pensamentos. Esses pensamentos nos trazem novas sensações que se transformam em novos sentimentos. E assim, os ciclos vão acontecendo, unindo ondas energéticas e dissipando-as, pois estão sempre em movimento. Portanto, quando vemos nossos pensamentos sendo cristalizados pelos outros, não são mais do que criações coletivas, ora iniciadas por você e continuadas por outros, ora criadas pelos outros e continuadas por você. Podemos dizer que são criações coletivas conforme níveis vibracionais.

Como exemplo, podemos ver tendências de comportamento social e adesão coletiva, como as academias a céu aberto por causa da preocupação das pessoas com a saúde, a busca por alimentos mais orgânicos e menos processados. Ambas as situações advêm de um consenso coletivo de que a vida dos seres humanos estava muito focada em profissional e coisas mecânicas do dia a dia, e estava faltando o cuidado com o corpo físico, pois estávamos todos adoecendo mais.

Agora é possível enxergar uma nova tendência de consciência coletiva, voltada ao resgate da espiritualidade, à necessidade de cada um na busca do preenchimento de um vazio interno inexplicável.

Nesta mesma vertente do coletivo, desta visão holística, que olha o todo ao nosso redor, há que se pensar na consciência interna e individual, olhar para dentro de si.

A consciência individual acontece quando você quebra os paradigmas que o tolhem no dia a dia e se permite buscar algo que o complete. Essa consciência se desenvolve quando você se encontra internamente, e ela se transforma quando você conquista sua plenitude em harmonia com o mundo. Este livro o auxilia neste despertar da consciência interna.

A VISÃO HOLÍSTICA e a VISÃO INTERNA, quando trabalhadas simultaneamente, no âmbito da consciência, nos faz seres mais seguros e felizes do lugar que ocupamos e de aonde queremos chegar no mundo. Elas nos mostram que, mesmo na jornada solitária que temos que fazer (interna), estamos sempre cercados de um coletivo, nunca ficando completamente sós ou desamparados.

VAMOS PRATICAR?

Reserve-se um tempo para refletir sobre algumas questões.

- Em que frequência você está vibrando seus pensamentos? E sentimentos?
- Você consegue perceber sua consciência interna pareada com alguma manifestação de consciência coletiva? Como você se sente a respeito?
- O que você tem emitido de pensamentos está na mesma linha do que gostaria de receber (pensamentos)? Identifique e reflita a respeito.

capítulo 11
A LEI DO RETORNO

Já ouviu dizer que tudo que você dá, você recebe? Ou que tudo que você deseja ao outro voltará para você? Ou a frase clássica: aqui se faz, aqui se paga?

Esta é uma lei cósmica.

Aquilo que fazemos ao outro retornará para nós na mesma medida. A lei do retorno é similar à da ação e reação.

Ouço com frequência pessoas expondo como seriam suas reações ante circunstâncias adversas, como: "Se me trair, eu traio também." E assim temos muitas formas de ilustrar este tema.

A pessoa chega ao ambiente de trabalho com a cara fechada, não dá "oi", nem "bom-dia", nem "boa-tarde", nem "boa-noite" para ninguém. Responde com grosseria, olha com fúria ou desdém para os demais. Primeiro, não se pode julgar por que a pessoa "carrancuda" se comporta deste jeito, não se sabe o que está acontecendo com ela, mas o retorno de suas ações irá acontecer. Então as pessoas deixarão, com o tempo, de se importar ou tentar cumprimentar essa pessoa quando ela chegar ao serviço. Com este comportamento, o que ela vai atrair para si mesma é apenas o mesmo tipo de reação, pessoas que não vão cumprimentá-la, ou ainda, há aquelas que até retribuirão seus olhares com o mesmo desdém ou até pena.

Entenda que a lei do retorno não é aquela visão que as pessoas fazem do "Se fez comigo, retribuo na mesma moeda". A ação traz uma reação, que traz uma reação, que traz uma reação, e assim sucessivamente. Note que a AÇÃO está presente em toda a frase. Nós damos o que temos.

A pessoa acorda xingando todos em casa, única e exclusivamente porque acordou de mal humor. Mesmo que, após alguns momentos, ela fique com um humor melhor, aqueles que ela ofendeu ou incomodou podem perder a vontade matinal de um dia melhor. E aqui cabem duas reflexões:

1. Controlar o próprio temperamento pode ajudar a vida a ser mais harmônica.
2. Deixar-se afetar pelo outro é tão prejudicial quanto emitir aquela vibração.

Ou seja, a pessoa mal-humorada emite uma energia baixa que contamina os demais do ambiente, logo, a casa fica carregada (às vezes, sufocante) e não nos sentimos bem naquele local. Os desafios de todos naquele dia serão mais pesados.

Assim, seja na ação ou na reação, se você emitir pensamentos e sentimentos negativos, receberá isso em troca, na hora ou em outra circunstância.

A recíproca é verdadeira. Se você acordar bem-humorado, essa energia vai contagiar as outras pessoas, o ambiente ficará mais agradável e as tribulações daquele dia se tornarão mais leves.

Dessa forma, aquilo que você emana, você atrai, não necessariamente naquele mesmo instante. Lembre-se de que cada um está passando por seus próprios processos internos.

Quando se fala que o mundo precisa de mais AMOR, certamente, é o caminho para uma humanidade melhor. Se emanarmos mais amor, compreensão, respeito, tolerância, sinceridade, vontade, solidariedade, estaremos num mundo bem mais colorido e pleno de felicidade.

Nas pequenas atitudes começam as grandes transformações!

VAMOS PRATICAR?

Amanhã, quando acordar e iniciar um novo dia, lembre-se de que você é uma pessoa abençoada, e terá um novo dia de novas experiências e estará um passo mais próximo do lugar que você gostaria de estar.

Diga a você mesmo e seus familiares e amigos que moram com você, incluindo os animais de estimação (se tiver): "BOM DIA!" Fale isso com alegria, deixe fluir esse sentimento do coração. Sorria para as pessoas que ama, sorria para as pessoas que você não conhece, cumprimente seus colegas de trabalho. Faça do ambiente em que vive um lugar melhor.

No primeiro dia, as pessoas estranham, mas com o passar do tempo este comportamento vai contagiar, e você poderá sentir alegria só de acordar.

Persista, torne este exercício um ritual matinal, porque você merece ser feliz!

capítulo 12
MENTIRAS E MÁSCARAS

Hoje, muitas pessoas se comportam conforme a sociedade exige para se enquadrarem nos requisitos sociais. São como marionetes que focam suas vidas em conveniências. Em determinado momento, essas pessoas se sentem prisioneiras das convenções daquela sociedade ou extremamente vazias, pois já não se reconhecem.

- Você mente para si mesmo?
- Você mente para as pessoas ao seu redor?
- Você usa máscaras no seu dia a dia?
- Você sabe exatamente o que quer?
- Você consegue ser sincero consigo mesmo?

Vamos contextualizar um pouco e depois farei as perguntas novamente.

Existe uma teoria que é conhecida como Síndrome de Alice — esta é aquela personagem de *Alice no País das Maravilhas*.

Ela está caminhando, chega à uma bifurcação, dois caminhos, e precisa escolher um deles. Vê o Cheshire, o gato listrado do sorriso grande, e pergunta: "O senhor pode me ajudar?" E o gato a questiona: "Do que você precisa?" Ela, de pronto, diz: "Não sei que caminho seguir, por qual destes caminhos devo ir?" Então, ele responde perguntando-lhe: "Para onde você quer ir?" Alice pensa e fala: "Não sei!" O gato lhe sorri e conclui: "Se não sabe para onde quer ir, qualquer caminho serve!"

Este trecho da história traz um grande ensinamento, pois muitas pessoas estão perdidas, sem saber para onde ir. Elas não sabem escolher seus caminhos pois ainda não decidiram aonde querem chegar. Para saber aonde se quer chegar, é preciso conhecer a si mesmo (pelo menos um pouquinho). Algumas pessoas dizem saber o que querem, mas quando conseguem ou conquistam, descobrem que não era só aquilo e precisam partir numa nova busca, numa nova jornada. Por que isso acontece? Por falta de conhecimento de si mesmas. Elas estão erradas? Não. Enquanto você busca algum objetivo, você pode trilhar o caminho do autoconhecimento também.

Agora que já se falou de OBJETIVOS DE VIDA, vamos entender o que são as máscaras. Alguma vez já lhe perguntaram "você está bem?", e você respondeu "Sim, estou bem"? E isso não era verdade? O que fez você responder assim? A falta de intimidade com a pessoa para falar a verdade? Não achar próprio ou conveniente? Não querer preocupar a outra pessoa? É comum fazermos isso no dia a dia e, neste momento, colocamos o que chamamos de máscara.

As máscaras são comportamentos que não refletem o que realmente somos ou sentimos. São posturas que adotamos no dia a dia por conveniência ou por exigência social. São necessárias para sobreviver nesta selva que é a sociedade atual. Usar máscaras, não significa mentir. As mentiras são subterfúgios que as pessoas utilizam para enganar os outros para benefícios próprios. Mentir adoece tanto a alma como o corpo. Têm pessoas que mentem com tanta frequência que chegam a ponto de mentirem para si mesmas e acreditarem. Parece impossível, mas é verdade! O indivíduo se perde tanto no seu próprio emaranhado de mentiras que não consegue distinguir o que é verdade, passando a tratar a mentira como verdade.

Para encontrar o caminho da VERDADE interna, é primordial que você retire suas máscaras para você mesmo, se desnude, se compreenda e se conheça. É se conhecer sem as máscaras que são utilizadas no cotidiano.

Quando conseguimos distinguir as máscaras de quem realmente somos internamente, significa que estamos começando a nos autoconhecer.

VAMOS PRATICAR?

Pense no seu cotidiano, em algum momento que você disse algo que não era o que gostaria. Identifique que máscara estava utilizando e o motivo para tal.

capítulo 13
AMOR-PRÓPRIO

Muito se fala em amor, amor ao próximo, amor a Deus, amor-próprio. Mas, afinal, existem tantos tipos assim de amor? Sim, existem.

Trataremos de três tipos aqui: amor marital, amor fraternal e amor-próprio.

O amor marital é aquele que a pessoa sente por seu parceiro ou companheiro, seja marido, mulher, namorado, namorada ou qualquer outro nome que se queira dar ao relacionamento a dois com o objetivo de troca de sentimentos afetuosos, de cumplicidade, de carinho, de experiências, etc. Ama-se e espera-se retribuição, ou seja, é uma troca de sentimentos.

Já o amor fraternal é aquele incondicional, que independe do sentimento do outro. Você sente e estará sempre ali, ao lado, para o que der e vier, independentemente de erros e acertos. Muito comum com filhos e irmãos. Esse amor nada tem a ver com assumir as responsabilidades pelos erros de quem ama. Cuidado! Cada um responde pelos atos que pratica. Existem alguns casais que possuem o amor marital e fraternal simultaneamente, mas é raro.

Finalmente, o amor-próprio. Esse amor é a grande incógnita das gerações atuais. Cada um deve despertar o amor-

-próprio. Para que você consiga amar o próximo, é necessário que você se ame! Mas é importante entender que existem dois tipos de amor-próprio: o amor-próprio inferior e o amor-próprio superior.

Sabe aquele blablablá de eu me amo, amo as formigas, amos as folhas (beija a folha) e, na prática, nas atitudes, a pessoa não reflete esse amor? Então, isso não é amor. Amor é demonstrar, na simplicidade dos gestos, todos os sentimentos puros, genuínos e superiores que queremos transmitir aos que amamos. É cuidar da planta, cuidar do ambiente, cuidar de si mesmo, cuidar dos que nos cercam, é ter CARINHO, COMPREENSÃO e RESPEITO.

O amor-próprio inferior é aquele amor egoico, em que a pessoa deseja tudo para si, em que a pessoa olha apenas para o próprio umbigo. É um amor egoísta, inferior, que leva o indivíduo ao egocentrismo. A pessoa entra em uma espiral onde ela é o centro do mundo, das atenções e, se não for assim, está errado. Este tipo de sentimento, erroneamente chamado de amor-próprio, é o egoísmo. O egoísmo também é conhecido como amor-próprio inferior. Ele leva as pessoas à solidão, ao vazio interior, ao sentimento de inferioridade (camuflado de superioridade). Ou seja, a pessoa age egoistamente tentando transmitir uma posição social de superioridade pois, internamente, se sente inferior e, muitas vezes, ela nem percebe, pois não aprendeu a se conhecer, vive num mundo só de máscaras e mentiras.

O amor-próprio superior é aquele sentimento que desabrocha no coração, fazendo com que você se aceite como é: uma pessoa que tem qualidades e também defeitos, momentos bons e também ruins. Esta aceitação o impulsiona a acreditar em sua capacidade de ser, a cada dia, uma pessoa melhor, em que as qualidades superam as limitações. É aquele sentimento que faz você acreditar que é capaz de seguir em frente a cada manhã, pois ama-se fraternalmente e consegue amar aos que o rodeiam. Esse amor gera muitos sentimentos, pensamentos e atitudes: carinho, compreensão, gentileza, serenidade, sinceridade, solidariedade, alegria, respeito, humildade, vontade, tolerância, entre muitos outros.

O AMOR-PRÓPRIO SUPERIOR é fruto do AUTOCONHECIMENTO e da TRANSFORMAÇÃO que ele proporciona a sua vida.

VAMOS PRATICAR?

Pense sobre os três tipos de amor: amor marital, amor fraternal e amor-próprio. Identifique-os em sua vida. Como você lida com eles?

capítulo 14
PERMITA-SE

No decorrer da leitura deste livro, você teve a oportunidade de ler contextualizações e aplicá-las em sua vida. O objetivo, além da reflexão, é pensar fora da caixa (do quadrado social), para que você perceba que merece ser feliz.

Somos nós que enchemos malas e malas de vivências, sentimentos, alegrias e frustrações, e carregamos toda esta bagagem durante a vida. Essa bagagem fica mais pesada a cada dia. É preciso abrir essas malas, retirar seu conteúdo, analisar, guardar as recordações dos bons momentos de volta na mala e levar os ensinamentos aprendidos. Viva uma vida leve! Não carregue o que não lhe faz bem. Aprenda com os erros e momentos ruins, internalize esse aprendizado e descarte essa bagagem pesada.

As práticas sugeridas até agora podem e devem ser refeitas, de tempos em tempos, pois são exercícios de percepção de si e da coletividade.

Portanto, não procrastine, pratique!

Você merece ser feliz! Merece o que lhe faz bem!

Para quem busca a felicidade e a plenitude, o caminho é olhar para dentro de si, é PERMITIR-SE conhecer a si mesmo, experimentar e viver de forma leve.

Tire um tempo para si, conheça-se, ENCONTRE-SE.

Você vai fazer descobertas incríveis sobre si mesmo que nem imaginava estarem escondidinhas dentro de você!

Quando nos conhecemos de fato, nos empoderamos de nós mesmos!

PERMITA-SE e ENCONTRE-SE.

CHAVES DO PODER

PERMITA-SE **ENCONTRE-SE**
REALIZE-SE
AMOR **EQUILÍBRIO**
CICLOS **DISCERNIMENTO**
FELICIDADE **RESPEITO**

PLENITUDE **ENERGIA**

CONSCIÊNCIA COLETIVA

AMOR-PRÓPRIO SUPERIOR

VISÃO INTERNA **AÇÃO**

CONSCIÊNCIA INDIVIDUAL
TOLERÂNCIA
VISÃO HOLÍSTICA
APRENDIZADO
VERDADE
RESPONSABILIDADE

PARTE II
Encontre-Se

A primeira parte deste livro buscou expandir a visão de mundo, além de proporcionar reflexões para você se perceber nele. Com capítulos curtos e exercícios práticos, você teve a oportunidade de desenvolver alguns aspectos da valorização pessoal. Pôde pensar sobre qual o seu lugar neste mundo, como funcionam as coisas ao seu redor. Pôde perceber se você vive sua vida plenamente ou somente sobrevive.

A sobrevivência é o famoso "trabalhar para comer e comer para trabalhar". Já o viver é desfrutar e fazer a vida ter um significado para você mesmo, conforme seus desejos e sonhos, é ser quem você realmente é em seu interior.

Quando você faz as práticas propostas e percebe que há muito, muito, mas muito mais no mundo que pode usufruir e ser, você está preparado para organizar este emaranhado de sentimentos e pensamentos. Está preparado para organizar-se internamente. Está preparado para ENCONTRAR-SE.

Nesta segunda parte, serão apresentadas a você as *Sete chaves do poder* — para que você ENCONTRE seu verdadeiro EU, aquele SER cheio de AMOR-PRÓPRIO SUPERIOR.

Vamos trilhar o caminho do autoconhecimento?

Venha e caminhe comigo nesta jornada de autoconhecimento e muitas descobertas!

As principais palavras para iniciarmos esse caminho são PERSISTÊNCIA e SINCERIDADE.

A persistência é necessária, pois tirar o véu que nos cega de nós mesmos pode ser cansativo e até mesmo doloroso. Mas seja CORAJOSO e acredite que, debaixo de toda essa confusão que você sente agora, existe um ser maravilhoso que está pedindo por liberdade.

A sinceridade é essencial para que você alcance os resultados esperados, para que você SE ENCONTRE em um mundo de felicidade e plenitude.

Esta jornada é um caminho solo, trilhado apenas por você e para você. De você para você mesmo. Permita-se dedicar um tempo para você e descobrir como SE ENCONTRAR.

O primeiro passo é que você SE PERMITA buscar o que lhe faz bem, e que foi mostrado na primeira parte.

VAMOS DAR O SEGUNDO PASSO PARA ESTA JORNADA?

capítulo 15
AS SETE CHAVES DO PODER

As 7 chaves do poder auxiliam na organização e sistematização dos pensamentos e sentimentos visando harmonizar os conflitos interiores na busca pela felicidade.

Cada chave aborda uma face do ser humano. Esta metodologia vai ajudar a entender o que você pensa e sente a respeito de cada uma delas, de forma sistematizada. Pense em um labirinto onde os caminhos estão completamente bagunçados e você não consegue distinguir qual pegar para abrir qual porta, é como um emaranhado de fios.

VOCÊ AGORA!

68 | Os Portais do Autoconhecimento

Quer encontrar quais caminhos seguir de forma organizada, sem se perder num labirinto de emoções, pensamentos, sentimentos e ações, e organizar seu eu interior?

Para isso, você precisa se permitir, se encontrar para, então, se realizar. Como? Organizando esses caminhos que estão misturados e travados e abrindo os portais do autoconhecimento. Dessa forma, você vai se empoderar de si mesmo! E você abre esses portais com as sete chaves que vamos ajudar você a encontrar dentro de si mesmo.

VOCÊ AO FINAL DESTA JORNADA!

Cada cor é uma CHAVE da sua vida. E, em cada chave, existem três fatores — sonhos, virtudes e limitantes —, que interagem entre si, fazendo você ser o que é e o que escolhe ser amanhã.

Após trabalhar os três fatores de cada uma das sete chaves, elas abrirão os portais e começarão a entrar em consonância, unindo-se e compondo o ser que você é. Neste momento, você vai ENCONTRAR-SE, você alcançará o tão almejado autoconhecimento.

Estas são as sete chaves que abrem os portais de um mundo novo e mais colorido de si mesmo.

A primeira é a CHAVE MATERIAL, que será representada pela cor amarela. Ela está relacionada aos aspectos materiais da vida, como casa, dinheiro, carro, roupas, entre outros.

A segunda é a CHAVE CORPORAL, que será representada pela cor azul-escuro. Ela está relacionada aos aspectos de seu corpo e de sua saúde física e de como você se sente em relação ao seu corpo.

A terceira é a CHAVE EMOCIONAL, que será representada pela cor verde. Ela está relacionada aos aspectos psicológicos e emocionais da vida, controle e desequilíbrio emocional, sentimentos, entre outros.

A quarta é a CHAVE PROFISSIONAL, que será representada pela cor azul-claro. Ela está relacionada aos aspectos profissionais da vida, como o emprego atual, o emprego que almeja, o sucesso profissional e os estudos para a profissão.

A quinta é a CHAVE FAMILIAR, que será representada pela cor vermelha. Ela está relacionada aos aspectos familiares da vida, você e sua família, as relações familiares e as relações de amizade.

A sexta é a CHAVE ÍNTIMA, que será representada pela cor laranja. Ela está relacionada aos aspectos da vida íntima, sexo, amor, relacionamentos amorosos e sonhos íntimos.

Por fim, a sétima é a CHAVE ESPIRITUAL, que será representada pela cor violeta. Ela está relacionada aos aspectos espirituais da vida, religião, fé e crença.

A organização dessas sete chaves dá o poder de entender SEU MUNDO PESSOAL INTERIOR e está relacionada ao autoconhecimento, ao empoderamento pessoal, ao amor-próprio superior e ao amor pelo próximo.

capítulo 16
POR ONDE COMEÇAR?

Agora que você já conhece as sete chaves que abrem as portas do autoconhecimento, a pergunta que surge é: como encontrar os caminhos neste emaranhado de fios? Por onde começar?

Você deve pegar cada chave e olhar para dentro de si, buscando entender e enxergar o seu EU dentro daquele assunto. Mas não se preocupe, você não está sozinho. Trilharemos esta caminhada juntos!

Para começar, vou fazer uma explanação rápida de como esta jornada vai funcionar.

Vamos pegar cada CHAVE, olhar para dentro de si e buscar identificar quais são suas virtudes, limitantes e objetivos relacionados àquele portal.

As virtudes são seus pontos fortes daquela chave, o que você tem de bom dentro de si sobre aquilo. Já as limitantes são seus pontos fracos, suas fraquezas, seus defeitos, os aspectos que incomodam e precisam ser melhorados.

Em alguns momentos, nestes exercícios, você poderá sentir tristeza, frustração ou até mesmo vergonha de seus defeitos. Mas não desanime. O primeiro passo para melhorar é reconhecer o que não é bom. Também é importante compreender que o que é um defeito para um pode ser uma qualidade para o outro. Portanto, a partir de agora, utilizaremos o termo "limitantes" e não "defeito", pois as limitantes são aspectos que precisam ser melhorados ou equilibrados com qualidades. Você não tem que ser bom em tudo. A vida é equilíbrio.

Em outros momentos, você poderá se sentir exultante ou encantado com as novas descobertas que pode fazer a respeito de suas virtudes. E esses momentos são magníficos, pois você perceberá que está aprendendo a se autoconhecer.

Após identificar suas virtudes e limitantes, busque identificar quais são seus sonhos e objetivos dentro desta chave e, por último, o que você pode fazer (ações) para atingir e realizar estes objetivos e sonhos.

BUSQUE SEMPRE PERGUNTAR-SE:

- O quê?
- Por quê?
- Realmente penso isso?
- Quando?
- Como?
- O que é necessário?
- Quais as consequências ou impactos?
- Isso me faz bem?

Desta forma, você estará desembaraçando os fios de você mesmo e descortinando seus caminhos, organizando e sistematizando seus pensamentos e harmonizando seus sentimentos, pois torna-se possível reconhecer as próprias virtudes, entender as limitantes para poderem ser trabalhadas e focar nos seus sonhos e objetivos. Isso traz a famosa PAZ INTERIOR, ou também conhecida como PLENITUDE, que traz FELICIDADE.

Capítulo 17
CHAVE MATERIAL

Agora que você já sabe quais são os portais, vamos encontrar as chaves.

Busque um momento de introspeção, um momento de si para si. Se preferir, coloque uma música que lhe agrade e permita-se trilhar este exercício sem se autojulgar.

A primeira é a CHAVE MATERIAL.

Agora, pense nos aspectos materiais de sua vida, como:

- **CASA** – Sua casa é do jeito que você gostaria?
- **DINHEIRO** – Você tem o suficiente para suprir suas necessidades básicas? Você se planeja financeiramente para realizar seus objetivos?
- **VEÍCULO** – Você tem um carro, moto ou meio de transporte que atende suas necessidades diárias?
- **ROUPAS** – Suas roupas atendem suas necessidades? Você se veste como gosta?
- **VIAGENS** – Você já conhece os lugares que gostaria de visitar? Para onde você gostaria de ir? Que lugares você gostaria de conhecer?

Pense em tudo aquilo que for material. Neste primeiro momento, o importante é perceber a chave e o que a compõe.

Reflita, enxergue-se.

Você pode pegar papel e caneta, anotar no bloco de anotações do celular ou ainda gravar áudios com as respostas para as perguntas a seguir. É importante estar em um lugar que transmita tranquilidade, um lugar onde você possa pensar e fazer suas anotações (escritas ou verbais). Essas anotações permitirão compreender-se melhor.

Anote: CHAVE MATERIAL.

Na frente de cada questionamento, existe uma letra que é para lembrar de qual chave estamos tratando. Por exemplo: M1 é a pergunta número um da Chave Material, C3 é o questionamento número 3 da Chave Corporal, e assim por diante.

Lembre-se, estas anotações são suas e somente suas, você deve ser sincero consigo mesmo.

Faça-se as seguintes perguntas, anote suas respostas e não tenha pressa.

M1 – O que eu tenho de coisas materiais?

Tenho coisas materiais (casa, dinheiro, roupas, veículos, viagens, etc)? Escreva ou grave o que você já conquistou no mundo material, o que você tem que pode chamar de seu.

Exemplificando:

Tenho uma *bike* e um celular, moro em uma casa alugada (pode descrever seus móveis, se quiser), meu guarda-roupas tem o básico. Tenho a experiência de ter conhecido dois estados do país fora onde moro (o grau de detalhamento que você vai adotar das informações é livre, depende única e exclusivamente do que atende às suas informações sobre a pergunta).

Note que aqui não cabem pessoas, pois pessoas não são posse de ninguém. Então, nada de colocar como coisas materiais que tem família, marido, amigos.

M2 - Essas coisas materiais são importantes para mim? Por quê?

Porque essas coisas materiais são importantes ou não para você é uma informação muito importante, pois ela mexe com seus sentimentos e pensamentos limitantes.

Exemplificando:

Minha *bike* é importante pois me leva para onde preciso ou é a ferramenta de meu hobby favorito, pedalar. O celular me conecta ao mundo, às pessoas que amo e é necessário no meu trabalho, ou eu gosto de olhar as redes sociais, etc.

E, assim por diante, vá relatando os motivos e a importância de suas coisas materiais.

M3 - Eu sou materialista? Por que acho isso?

Neste momento, a sinceridade deve ser total, pois não há nada de errado em ser ou não materialista. Temos um tabu social aqui, que diz que ser materialista é ruim. Excesso de materialismo é ruim, assim como excesso de qualquer coisa não é benéfico. Todos precisamos de coisas materiais para sobreviver, e até mesmo para vivermos nossos sonhos. Tente explicar o porquê de você se ver ou não como materialista.

M4 - Como as coisas materiais impactam na minha vida? E nas minhas decisões?

O estilo de vida que você possui influi diretamente no grau e na quantidade de coisas materiais que você tem. Qual a importância e o impacto das coisas materiais na sua vida atualmente? Como isto interfere nas suas decisões cotidianas.

M5 - Que coisas materiais eu gostaria de ter que ainda não possuo? Por quê?

Relacione coisas materiais que você gostaria de ter. Avalie se as atitudes que você tem tomado na sua vida são com foco na aquisição de bens e coisas materiais e como você tem conduzido suas decisões em relação a isso. Existem pessoas que sentem medo de não conseguir as coisas materiais que desejam e se boicotam, seja num pensamento, num sentimento ou numa atitude. Por outro lado, existem pessoas que lutam, caem, se levantam e continuam buscando todas as coisas materiais que acham que precisam.

M6 - Como eu trato as pessoas em relação às coisas materiais – aquelas que têm muitas coisas e aquelas que julgo ter poucas coisas? O que sinto?

Esta pergunta é tão complexa e difícil de responder quanto se você se enxerga como uma pessoa materialista. Existe uma analogia interessante para este questionamento. Você julga um livro pela capa? Hummm. Alguns logo pensam "Não gosto de ler" ou "Não compro livros" ou "Claro, se gosto da capa, compro o livro", ou ainda, "Nunca, sempre compro livros baseados no conteúdo". A maior parte das pessoas logo pensa em uma destas quatro hipóteses, mas, com certeza, haverá pessoas com respostas diferentes das citadas. Tudo é uma questão de percepção. Você diferencia a forma de tratar as pessoas pelo que elas possuem ou deixam de possuir? Você muda a forma de tratar as pessoas segundo suas posses? Por que você tem este tipo de atitude? O que você sente em relação a quem tem mais ou menos coisas que você?

Agora que você já pensou bastante a respeito das coisas materiais, vamos focar na sua individualidade de hoje e de amanhã.

M7 - Quais virtudes – qualidades, pontos fortes – eu tenho relacionadas aos aspectos materiais?

Procure em você virtudes quando o assunto é materialismo. Relate usando adjetivos para se autodescrever. E lembre-se, todos temos virtudes e todas são importantes. Econômico, gastador, organizado, entre outros.

M8 - Quais limitantes – defeitos, pontos fracos – eu tenho relacionadas aos aspectos materiais?

Procure em você limitantes quando o assunto é materialismo. Relate usando adjetivos para se autodescrever. Às vezes, temos dificuldades em ver limitantes. Se este é seu caso e você não consegue vê-las, saia para fora da caixa, olhe de fora de si mesmo para suas atitudes como se fosse uma pessoa externa. O que você vê que precisa ser melhorado em relação ao materialismo? Note que o excesso de ambição pode ser tão prejudicial quanto a falta dela. Então, para cada ser, este processo de encontrar-se será diferente. Respeite-se.

M9 - Quais meus sonhos e objetivos materiais. O que eu quero?

Agora é hora de falar sobre o seu amanhã. Depois de todas estas reflexões e de se perceber com um ser com virtudes e limitantes, descreva o que você realmente quer de coisas materiais. Destaque as que você precisa das que você simplesmente quer.

M10 - Quais ações posso fazer para conseguir realizar meus objetivos e sonhos materiais? Quando?

Aqui você vai tentar viabilizar alguns dos seus sonhos e objetivos materiais, descrevendo um passo a passo do que você precisa fazer para consegui-los. Por exemplo, eu quero ter o carro X em dois anos, então preciso pesquisar a média de preço dele, fazer as contas pensando em meu salário e alguma reserva (se possuir), organizar minhas contas para poupar o valor para dar uma entrada ou juntar a grana para comprar à vista. Enfim, é descrever como fazer para que esse sonho ou objetivo possa ser concretizado. Não esqueça que a vida é curta, então é importante estabelecer prioridades e prazos (alcançáveis).

Até agora você conseguiu identificar como pensa e age sobre a chave material, e quais suas qualidades e limitantes relacionadas a essa chave. O que você tem e o que você quer, com caminhos (passo a passo) e prazos. Em outras palavras, você soltou um fio do emaranhado que é a vida e encontrou uma chave.

Releia ou escute suas respostas para ter certeza delas.

Não se leva nada de coisas materiais quando morre. Uma vida (ou várias) são dedicadas e impérios são criados para, nas gerações posteriores, serem destruídos. Cada chave que compõe nossa vida tem seu devido valor. Coisas materiais não trazem plenitude, mas são importantes na medida que atendem as nossas necessidades básicas humanas e proporcionam as possibilidades para realização de nossos sonhos e objetivos de vida.

Para usar essa chave e destrancar o portal, é preciso organizar o que já foi desvendado até agora. Este é um MAPA do caminho da CHAVE MATERIAL para você preencher.

CHAVE MATERIAL

Este é o MAPA do caminho da CHAVE MATERIAL para você preencher

Virtudes

- ✓ _____
- ✓ _____
- ✓ _____
- ✓ _____
- ✓ _____
- ✓ _____
- ✓ _____
- ✓ _____
- ✓ _____

Limitantes

- ✓ _____
- ✓ _____
- ✓ _____
- ✓ _____
- ✓ _____
- ✓ _____
- ✓ _____
- ✓ _____
- ✓ _____

Sonhos e Objetivos

_____
_____
_____
_____
_____
_____
_____
_____
_____
_____
_____
_____
_____

Observações

Escreva suas virtudes e limitantes. Use adjetivos, por exemplo, econômico, responsável, ganancioso, solidário, estudioso, ocioso, generoso. Note que isto não é um processo de rotulagem e sim de autopercepção. Escreva seus sonhos e objetivos da CHAVE MATERIAL e as ações necessárias para que você consiga atingir seus objetivos e sonhos.

Para ir em busca da concretização desses sonhos e objetivos, é importante que seja feita uma lista — *checklist* — com os passos a serem dados. Para ações, utilize verbos no infinitivo, por exemplo, economizar R$ 200,00 por mês, pesquisar possíveis financiamentos, pesquisar como abrir este negócio, fazer pós-graduação em Artes, estudar Libras, comprar um computador.

Esta é sua CHAVE MATERIAL. Guarde-a para ser utilizada posteriormente.

Este MAPA será desenhado em cada uma das sete chaves do poder.

Parabéns! Você se mostrou uma pessoa corajosa e persistente, fazendo todos os passos indicados até aqui. Você é uma pessoa de garra!

Pronto para a próxima Chave?

capítulo 18
CHAVE CORPORAL

Lembra-se do ditado "Mente sã, corpo são!"? Pois é, ele não poderia ser mais verdadeiro! Portanto, vamos trabalhar nossa mente e corpo para que ambos sejam saudáveis.

Você já sabe, mas não custa lembrar: busque um momento de introspeção, um momento de si para si. Se preferir, coloque uma música que lhe agrade e permita-se trilhar este exercício sem se julgar.

A CHAVE CORPORAL está relacionada aos aspectos de seu corpo, de sua saúde física e de como você se sente em relação ao seu corpo, englobando:

- **CORPO** – Você gosta do seu corpo? Como você se sente em relação ao seu corpo?
- **HABILIDADE CORPORAL** – Você pratica alguma atividade física, esporte ou toca algum instrumento? Você gosta ou gostaria de praticar atividades que desenvolvem habilidades corporais?
- **GENÉTICA** – Quais suas características genéticas? Elas são do seu agrado? A quais características genéticas você deve estar atento por questões de saúde?
- **ESTÉTICA** – Você gosta do seu corpo tal como é? Você gostaria de mudar algo no seu corpo?
- **ALIMENTAÇÃO** – como é sua alimentação? Você consome alimentos saudáveis? Você busca equilibrar sua alimentação com as suas necessidades corporais?
- **SAÚDE** – Como está sua saúde? Você se considera uma pessoa saudável? Você está com problemas de saúde? Cuida desses problemas?

  A CHAVE CORPORAL é um dos aspectos mais tratados socialmente hoje, com estereótipos estabelecidos pela mídia do que deve ser ou não bonito. A indústria da beleza e estética cresce a cada dia. Em um mundo globalizado, um padrão estético vem sendo moldado como se seres humanos fossem bonecos. O rosto deve ser retangular para ser harmonioso, ou a pele deve ser bem lisa pois rugas são feias — como se não fizessem parte da vida de todos nós mais cedo ou mais tarde —, ou pessoas magras são mais elegantes e assim por diante.

Cada um de nós é único, e a beleza do ser humano está nas diferenças e no respeito a elas. A estética e a beleza ideais são aquelas que fazem bem a você, independentemente dos padrões estabelecidos pela mídia.

Os aspectos corporais da pessoa influenciam a autoestima que, por sua vez, afeta o processo do autoconhecimento. Autoestima é quando você se sente bem consigo mesmo, quando esta sensação motiva internamente e dá forças para enfrentar o mundo.

Pegue papel e caneta, ou o bloco de anotações do celular, ou ainda grave áudios com as respostas para as perguntas a seguir, assim como foi feito na CHAVE MATERIAL. Não se esqueça de estar em um lugar onde você possa pensar e fazer suas anotações escritas ou verbais.

Anote: CHAVE CORPORAL

Faça-se as seguintes perguntas, anote suas respostas e não tenha pressa:

C1 - Eu gosto do meu corpo de forma geral? Sinto-me bem com meu corpo?

A primeira coisa que devemos pensar sobre nosso corpo é como nos sentimos em relação a ele. Há pessoas que estão satisfeitas com o próprio corpo, há pessoas que não gostam de se olhar no espelho e há pessoas que amam tanto o próprio corpo que chegam a ter traços narcisistas. Extremos são perigosos. Não se deve ser narcisista nem ter vergonha de si mesmo.

C2 - Tenho habilidades corporais? O que eu consigo fazer? O que eu faço? Exercito meu corpo regularmente?

As habilidades corporais são as relacionadas às atividades físicas, prática de esportes, artes marciais e manejo de instrumentos musicais. Aqui você vai falar das suas capacidades relacionadas ao corpo — esporte, arte marcial ou atividade física que pratica —, ou instrumento musical que toca. Esta pergunta engloba as situações em que você precisa movimentar o corpo. A prática de atividade física em geral — as atividades que movimentam o corpo e trabalham habilidades corporais — é a base para uma vida saudável.

C3 - Quais características genéticas eu tenho? Elas me agradam? A quais características genéticas devo estar atento por questões de saúde?

As características genéticas mostram possíveis tendências corporais, por exemplo: se seus pais e parentes mais próximos são altos e magros, existe uma tendência genética de que você seja assim também. Assim como no exemplo citado, independentemente de qual característica estejamos falando, cabelos crespos ou lisos, olhos asiáticos, olhos escuros ou claros, pele clara ou escura, você tem a tendência de ter as mesmas características corporais de seus pais e parentes mais próximos. Isto é uma possibilidade, uma tendência genética. Após identificar essas características, pense em como você se sente em relação a elas. Lembre-se de que as características genéticas vão bem além das citadas, também estando relacionadas a possíveis problemas de saúde, como diabetes, pressão alta, entre outros. Faça suas anotações.

C4 – De qual parte do meu corpo eu mais gosto? E qual a que menos gosto? A estética é importante para mim? O que gostaria de mudar em meu corpo?

Retomando a questão estética, identifique o que você mais gosta em você mesmo fisicamente. Você pode perguntar para pessoas próximas a você também. Nesta experiência, poderá perceber que a forma como você se vê é diferente da forma como as outras pessoas o veem. Pense sobre o que você não gosta em seu corpo. Reflita sobre o quanto a estética é importante para você e o que gostaria de mudar em si mesmo. Neste raciocínio, anote também o que estaria disposto a fazer em prol da estética ideal para você.

C5 – Minha alimentação é saudável? Que tipo de alimentos eu ingiro? De que alimentos eu gosto? Busco equilibrar minha alimentação com minhas necessidades corporais?

Comer coisas gostosas é muito bom. Uma alimentação balanceada faz muita diferença na vida de uma pessoa, pois interfere na disposição, na saúde e nos resultados diariamente. Avalie sua alimentação, os tipos de alimentos que ingere e os que gosta. Analise o equilíbrio de sua alimentação com o consumo diário corporal que tem. Lembre-se de que, quando se fala de alimentação, é importante ter equilíbrio. Não há nada de errado em gostar de doces, mas comer sempre, e em excesso, é prejudicial, assim como nunca comer o que gosta será prejudicial ao emocional.

C6 - Como está minha saúde? Eu me considero uma pessoa saudável? Eu estou com problemas de saúde? Como cuido destes problemas?

Saber como está a saúde por meio de consulta médica regular para fazer um *checkup* é essencial atualmente. Saber quais problemas de saúde tem é fundamental para tratar e recuperar-se bem. Cuidar do próprio corpo é o primeiro passo para uma vida saudável.

Agora que você já pensou bastante a respeito das questões corporais, vamos focar em sua individualidade de hoje e de amanhã.

C7 - Quais virtudes – qualidades, pontos fortes – eu tenho relacionadas aos aspectos corporais?

Procure em você virtudes quando o assunto é corpo. Relate usando adjetivos para se autodescrever.

C8 - Quais limitantes – defeitos, pontos fracos – eu tenho relacionadas aos aspectos corporais?

Procure em você limitantes quando o assunto é seu corpo. Relate usando adjetivos para se autodescrever. Não esqueça de sair para fora da caixa, olhar de fora de si mesmo para suas atitudes como se fosse uma pessoa externa. O que você vê que precisa ser melhorado em relação ao seu corpo, seja saúde, estética, alimentação ou habilidade corporal.

C9 - Quais meus sonhos e objetivos em relação ao meu corpo? O que eu quero?

Agora é hora de falar sobre o seu amanhã. Depois de todas estas reflexões e de se perceber como um ser com virtudes e limitantes, descreva o que você realmente quer relacionado às questões corporais. Destaque as que você precisa das que você simplesmente quer.

C10 - Quais ações posso fazer para conseguir realizar meus objetivos e sonhos corporais? Quando?

Aqui você vai tentar viabilizar alguns dos seus sonhos e objetivos corporais, descrevendo um passo a passo do que você precisa fazer para consegui-los. Por exemplo, eu sou sedentário, então meu objetivo é fazer uma atividade física. Vou iniciar essa atividade em, no máximo, um mês e, para tanto, tenho que descobrir algo que gosto de fazer. Meu passo a passo é descobrir uma atividade de que eu goste ou consiga praticar, verificar onde posso fazê-la (viabilidade), me matricular e iniciar de fato a atividade. Ou, simplesmente, pegar o tênis no armário, organizar meu tempo e começar a fazer uma caminhada matinal perto de minha casa. Outro exemplo pode ser relacionado à estética. Eu realmente não gosto do meu nariz e quero mudá-lo esteticamente, então vou a um médico especialista em plásticas de nariz (rinoplastia) realizar uma consulta, vou me organizar financeiramente (pois identifiquei que preciso de oito meses para conseguir), profissionalmente e familiarmente para poder realizar a cirurgia e por fim realizá-la. Enfim, é descrever como fazer para que esse sonho ou objetivo possa ser concretizado. Não esqueça que a vida é curta, então é importante estabelecer prioridades e prazos alcançáveis.

Você já conseguiu identificar como você pensa e age sobre a CHAVE CORPORAL. Quais suas qualidades e limitantes relacionadas a ela. O que você tem e o que você quer, com caminhos, passo a passo e prazos. Em outras palavras, você soltou mais um fio do emaranhado que é a vida. O próximo passo é organizar esse fio.

Releia ou escute suas respostas para ter certeza delas.

A autoestima funciona como fator motivacional para a busca dos sonhos e das realizações de cada um, portanto sentir-se bem com seu próprio corpo e mantê-lo saudável é um passo importante para o autoconhecimento.

Para ter uma vida saudável, é necessário que nosso corpo seja saudável, assim como nosso sentimento.

A FÓRMULA PARA UMA VIDA SAUDÁVEL é:

Vida saudável = Corpo saudável + Sentimento saudável

Para usar esta chave e destrancar o portal, é preciso organizar o que já foi desvendado até agora. Este é um MAPA do caminho da CHAVE CORPORAL para você preencher.

CHAVE CORPORAL

Este é o MAPA do caminho da CHAVE CORPORAL para você preencher

Virtudes

- ✓ _____
- ✓ _____
- ✓ _____
- ✓ _____
- ✓ _____
- ✓ _____
- ✓ _____
- ✓ _____
- ✓ _____

Limitantes

- ✓ _____
- ✓ _____
- ✓ _____
- ✓ _____
- ✓ _____
- ✓ _____
- ✓ _____
- ✓ _____
- ✓ _____

Sonhos e Objetivos

_____
_____
_____
_____
_____
_____
_____
_____
_____
_____
_____
_____

Observações

Escreva suas virtudes e limitantes. Use adjetivos, por exemplo, atlético, narcisista, ativo, preguiçoso, sedentário, focado, desfocado, bom, lindo, gordo, magro, alto, baixo.

Trabalhe sua autopercepção. Escreva seus sonhos e objetivos da CHAVE CORPORAL e as ações necessárias — tipo um *checklist* — para que você consiga atingir seus objetivos e sonhos.

Para ir em busca da concretização desses sonhos e objetivos, é importante que seja feita uma lista — *checklist* — com os passos a serem dados. Para ações, utilize verbos no infinitivo, por exemplo, fazer duas refeições saudáveis por dia, fazer atividade física diariamente, treinar basquete três vezes por semana, retirar a gordurinha lateral das costas.

Esta é sua CHAVE CORPORAL. Guarde-a para ser utilizada posteriormente.

Mais uma etapa rumo ao autoconhecimento vencida.

Pronto para próxima chave?

Capítulo 19
CHAVE EMOCIONAL

A terceira é a CHAVE EMOCIONAL, que está relacionada aos aspectos psicológicos e emocionais de nossas vidas, como o controle das próprias emoções, o desequilíbrio emocional e os sentimentos aflorados com as situações que acontecem no cotidiano.

Ouvimos com frequência as pessoas falarem que a humanidade está cada vez mais doente, principalmente emocional e psicologicamente. Realmente, a enorme quantidade de informações jogadas para nós todos os dias, a exigência da sociedade para ter tal ou qual comportamento, a intolerância, a cobrança das pessoas que nos rodeiam e, principalmente, a cobrança que infringimos a nós mesmos nos sobrecarregam, levando as pessoas a terem sérios problemas de saúde, tanto físico, como mental e emocional.

Nesta chave, teremos que dedicar um pouco mais de nosso tempo.

Sinta e enxergue-se.

Pegue algo para fazer suas anotações. Se desejar, coloque uma música agradável — se lhe fizer bem. Agora, você fará anotações relacionadas aos aspectos emocionais e psicológicos.

Lembre-se: estas anotações são suas. Você deve ser sincero consigo mesmo.

Faça-se perguntas como:

E1 - Como eu me sinto hoje? Por quê?

Comece a se observar, a identificar o que está sentindo de momento em momento. Como este sentimento atua nas suas ações e reações cotidianas. Uma prática muito interessante para fazer diariamente, com o objetivo de se autoconhecer, é antes de dormir: faça uma retrospectiva dos sentimentos que você teve durante o dia, identifique as emoções, o que o motivou a senti-las. Pela manhã, após acordar, ainda na cama, tente identificar seus sentimentos e o porquê de você os estar sentindo. Faça isso agora, identifique quais são seus sentimentos e quais possíveis motivos para senti-los. Descreva-os.

E2 - Tenho muitas variações de humor?
O que as provocam?

Há pessoas que possuem muitas variações de humor ao longo do dia, das horas, dos minutos. Essas variações podem estar relacionadas a diversos fatores, como estresse, ansiedade, sobrecarga familiar ou profissional, desgaste familiar ou profissional, entre outros motivos, como uma doença, transtorno ou TPM (Tensão Pré-Menstrual). Pense nas mudanças de humor que você possui, na frequência delas e nas motivações. Descreva-as.

E3 - Tenho sentimentos ruins com frequência, como tristeza, raiva, amargura, indiferença?
Consigo identificar sua causa ou motivo?

Esta é uma pergunta dolorosa. Às vezes, não percebemos como nos comportamos. Algumas vezes, sorrimos quando queremos chorar, ou demonstramos indiferença quando nos preocupamos. Nesta linha de pensamento, percebemos que, às vezes, nos comportamos de uma forma diferente da que realmente nos sentimos. Tente identificar se você tem sentimentos ruins, de derrotismo, que o deixam para baixo. Quais sentimentos deste tipo você tem? Com que frequência? Você consegue avaliar e identificar os motivos?

E4 – Tenho sentimentos bons com frequência, como alegria, leveza, orgulho? Consigo identificar sua causa ou motivo?

Esta classe de sentimentos anima qualquer ambiente em que estejamos inseridos. São sentimentos estimulantes e empolgantes, que nos fazem sorrir só de pensar. Analise com que frequência você tem estas emoções, quais são e o que as motivam.

Vamos entender um pouco melhor a importância das questões E3 e E4. Para todo sentimento ou emoção, existem fatos geradores. Quando conseguimos identificar um padrão de fatos geradores tanto para os sentimentos bons quanto para os sentimentos ruins, fica mais fácil trabalharmos com nossas próprias emoções, pois, ao perceber a situação, entramos em um estado de autorreflexão simultânea e podemos conduzir as coisas ou reagir a elas de forma mais madura, avaliando as consequências.

Esses fatos geradores são conhecidos como gatilhos emocionais e são constantemente utilizados na mídia para direcionar um posicionamento ou outro das massas. Mas vale salientar que esses gatilhos são diferentes de pessoa para pessoa.

Vou exemplificar: quando era pequeno, meu irmão jogava no time de basquete da cidade e minha mãe ficava extremamente aflita e angustiada com o jogo. Ela percebeu este sentimento e começou a identificar a causa. Depois dos jogos, sempre sentia uma tristeza, ora pela derrota do próprio filho, ora pela derrota dos filhos de outras mães. Ela percebeu que precisava trabalhar isto em si. Então, por muito tempo, ela parou de ir aos jogos. Trabalhou emocionalmente a distância — neste caso — e se perguntou, por que em vez de sentir tristeza pelas derrotas, não tentava sentir alegria pelas vitórias? Para evitar a aflição e a angústia, ela evitava ir aos jogos. Mas, aos poucos, começou a olhar por uma outra ótica e ver as emoções boas e alegres que poderiam advir de momentos como estes. Moral deste exemplo: quando avaliar seus sentimentos, busque identificar os gatilhos. Transforme os gatilhos que deixam você para baixo em gatilhos positivos.

Veio à memória um outro exemplo: sempre tive muito medo de exposição, de me expor publicamente, mesmo para a família, fora os medos disto ou daquilo que todos temos. Este sentimento me causava muita aflição e destruía minha autoestima. Acabava pensando sempre não ser boa o suficiente para fazer qualquer coisa, sempre com medo do que iriam pensar sobre mim, medo do julgamento das pessoas. Certa vez, quando eu era criança, tinha uma apresentação de *ballet* e eu não queria participar, pois tinha medo. Minha mãe disse para mim, naquele dia e em muitos outros, que "A melhor forma de acabar com esse medo é enfrentando-o". Obviamente que respondi "Não consigo!". Ela sorriu e disse: "Feche os olhos, pense em algo que você gosta muito, que te deixa feliz, que te faz sorrir. Sinta a sensação deste sorriso e desta alegria. Você é muito boa e vai ser linda a apresentação! Como sua mãe, eu sei disso porque eu sinto isso. Lembre-se do seu momento de felicidade. Abra os olhos e enfrente seus medos. Eu acredito em você, mesmo que você ainda não acredite em si mesma." Ela beijou minha testa e fui para a apresentação. Situações como esta aconteceram em vários momentos da minha vida. E, sempre que sentia medo, fechava os olhos e lembrava-me do que eu gostava. Este foi o primeiro gatilho emocional do qual me recordo. Esses gatilhos sobre os quais falamos aqui são muito particulares e pode ser qualquer lembrança. Quer saber em que eu pensava? Eu sempre fechava os olhos e pensava em sorvete. E acredite, este gatilho me ajuda até hoje!

Continuando a refletir sobre sentimentos e emoções, vamos para a próxima pergunta.

E5 - Faço atividade física? Isso melhora meu estado emocional? Por quê?

Quando fazemos uma atividade física, a movimentação do corpo libera hormônios que transmitem sensações de leveza, saciedade e relaxamento. Cabe ressaltar que, para sedentários, nas primeiras vezes em que se pratica atividade física o corpo dói e é comum não observar as sensações citadas. Mas, após algumas vezes, isto é um fato que começa a acontecer. Todo aquele arcabouço de sentimentos pesados que acumulamos ao longo dos dias são tratados nas atividades físicas com a liberação energética do esforço realizado. Então, nos sentimos melhores, mais leves e relaxados. A atividade física que você pratica traz melhorias ao seu estado emocional?

E6 - Consigo ser sincero comigo mesmo em relação aos meus sentimentos?

Esta pergunta parece estranha, porém é extremamente relevante para o processo do autoconhecimento. Refletir sobre nossos sentimentos e compreendê-los não é uma tarefa fácil. Muitas vezes, tentamos nos convencer que devemos sentir isto ou aquilo, ou que o certo é sentir isto ou aquilo, ou ainda que o que sentimos é diferente do que estamos sentindo. Confuso, né? Mas é exatamente isso. Você consegue aceitar e ser sincero consigo mesmo sobre seus sentimentos? Uma forma ilustrativa desta situação é quando você está conversando com alguém e chega uma terceira pessoa que é apresentada a vocês. Vocês conversam por alguns instantes e essa pessoa se vai. Aí você e a pessoa que estavam conversando inicialmente comentam sobre a que acabaram de conhecer. Você pensa "que pessoa simpática". A pessoa ao seu lado verbaliza "que pessoa arrogante", você para por um instante e não sabe se tenta se convencer de que a pessoa é arrogante ou se você assume que a primeira impressão que teve foi de simpatia. Agora leve este sentimento para um âmbito mais profundo e delicado. Você aceita e reconhece seus sentimentos? Lembre-se de que aceitar e reconhecer são etapas importantes para viver em harmonia com eles ou para mudá-los.

E7 - Consigo ser sincero com as pessoas que me cercam, como família, amigos, profissionais? Por quê?

As pessoas que nos cercam são geralmente as que queremos sempre bem. Muitas vezes, não queremos preocupá-las, outras vezes, achamos que elas não vão entender nossos sentimentos, e em outras temos medo do julgamento dessas pessoas. Portanto, é muito comum as pessoas não serem sinceras com as que as rodeiam. A sinceridade é um gatilho universal para ter a consciência leve. É claro que não se pode confundir sinceridade com falta de tato ao se expressar. Aqui o foco é a sinceridade dos seus sentimentos e como eles podem afetar suas relações com os familiares, amigos e profissionais que trabalham com você. Às vezes, achamos que as pessoas não nos percebem como gostaríamos e, nesta hora, devemos nos perguntar: "Realmente estou mostrando quem sou e o que sinto?" Como querer a compreensão dos outros se não formos sinceros com eles?

Outro aspecto a ser ponderado aqui é sobre os motivos que nos levam a não sermos sinceros com os que nos cercam. Estou tentando preservar o outro, a mim mesmo ou a ambos? Isto pode progredir para uma situação complicada? Como posso equilibrar este tipo de contexto?

E8 - Consigo compreender e aceitar os sentimentos das pessoas que me cercam, como família, amigos, profissionais?

Conheço algumas pessoas que se sentem mal porque os que a rodeiam não querem compartilhar seus sentimentos e pensamentos. Aí a pergunta que vem à mente é: "Por que o fulano não quer conversar sobre isso comigo?" Quando a verdadeira pergunta deveria ser: "Quando as pessoas falam comigo, procuro compreender e aceitar o que dizem?" Lembrando que compreender e aceitar não significa concordar, mas respeitar os sentimentos alheios, assim como queremos que respeitem os nossos.

E9 - Quais virtudes – qualidades, pontos fortes – eu tenho relacionadas aos aspectos emocionais?

Procure refletir sobre experiências vividas, identificar suas emoções e como você se comporta com elas. Quais características emocionais combinam mais com seus verdadeiros sentimentos? E com seu comportamento? Extraia todas as qualidades destes aspectos emocionais.

E10 - Quais limitantes – defeitos, pontos fracos – eu tenho relacionadas aos aspectos emocionais?

Agora faça o oposto e identifique suas limitantes, ou seja, as características emocionais que você precisa trabalhar e melhorar.

E11 - Quais meus objetivos emocionais?

Após tantos sentimentos e emoções, busque perceber como você gostaria de se sentir em relação a si mesmo, aos que o rodeiam e ao mundo. Como você quer se sentir? Hoje, é muito comum — e correto — a busca de terapias que ajudem a responder questionamentos internos a respeito do que e como nos sentimos.

E12 - Meus objetivos emocionais dependem só de mim? Por quê?

Como quer se sentir é algo que você acha que consegue sozinho ou depende de outras pessoas? Se você acha que consegue sozinho e explicar o porquê, pode ir para a próxima pergunta. Mas se você acredita que depende dos outros para sentir isto ou aquilo, vamos entender que, muitas vezes, o que nos incomoda no outro é um reflexo de nossas limitantes. Outras vezes, queremos atribuir aos outros a responsabilidade de nos fazer sentir isto ou aquilo, pois não queremos esta responsabilidade para nós mesmos. Por exemplo: "Sou estressada porque você me estressa!" Esta frase clichê já ouvi e falei várias vezes. Hoje, posso dizer que na maior parte das vezes que disse isso foi porque não sabia como lidar com algum sentimento frustrante. Entenda, o que sentimos é exclusivamente uma responsabilidade nossa. É minha responsabilidade o que eu sinto, o quanto eu permito que interfiram nos meus sentimentos, o quanto permito que invadam meu mundo interno. Permitir ao outro que participe de nosso mundo é maravilhoso, mas precisa de muita maturidade para entender que o outro é um ser completamente diferente, com um emaranhado de sentimentos e pensamentos também, oriundos de suas vivências e experiências. Você é um ser incrível, assuma a responsabilidade pelos seus sentimentos!

E13 - Quais ações eu posso fazer para conseguir realizar meus objetivos emocionais? Quando posso viabilizar?

O que você pode fazer para conseguir a transformação emocional de que gostaria? Quais mecanismos e passos você pode executar para melhorar ou desenvolver esta ou aquela emoção?

Para usar esta chave e destrancar o portal, é preciso organizar o que já foi desvendado até agora. Este é um MAPA do caminho da CHAVE EMOCIONAL para você preencher.

CHAVE EMOCIONAL

Este é o MAPA do caminho da CHAVE EMOCIONAL para você preencher

Virtudes

- ✓ _____
- ✓ _____
- ✓ _____
- ✓ _____
- ✓ _____
- ✓ _____
- ✓ _____
- ✓ _____
- ✓ _____

Limitantes

- ✓ _____
- ✓ _____
- ✓ _____
- ✓ _____
- ✓ _____
- ✓ _____
- ✓ _____
- ✓ _____
- ✓ _____

Sonhos e Objetivos

_____
_____
_____
_____
_____
_____
_____
_____
_____
_____
_____
_____
_____

Observações

Escreva suas virtudes e limitantes. Use adjetivos, por exemplo, triste, impaciente, paciente, alegre, desconfiado, ingênuo, explosivo, indiferente, elétrico, espontâneo, volúvel, estável, depressivo, agitado, extrovertido.

Escreva seus sonhos e objetivos da CHAVE EMOCIONAL e as ações necessárias — tipo um *checklist* — para que você consiga atingir seus objetivos e sonhos.

Para ir em busca da concretização desses sonhos e objetivos, é importante que seja feita uma lista — *checklist* — com os passos a serem dados. Não se esqueça de escrever suas ações utilizando verbos no infinitivo, por exemplo: entender meus sentimentos em relação à determinado assunto ou chave, identificar situações que me deixam alegre, buscar ajuda profissional para meus sentimentos ruins com os quais não estou conseguindo lidar.

Esta é sua CHAVE EMOCIONAL. Guarde esta folha junto com as das demais chaves para serem utilizadas posteriormente. Lembre-se de que já temos preenchidas as chaves amarela, azul-escuro e verde.

Capítulo 20
CHAVE PROFISSIONAL

Você já desbravou três caminhos de sentimentos e pensamentos. Isto significa que três portais estão à sua frente e as chaves em suas mãos.

Você se lembra das chaves?

Chave Material – representada pela cor amarela.
Chave Corporal – representada pela cor azul-escuro.
Chave Emocional – representada pela cor verde.

Você iniciou sua autoanálise para o processo de autoconhecimento, desembaraçando o fio da CHAVE MATERIAL, passando pela CHAVE CORPORAL e depois pela CHAVE EMOCIONAL. A cada chave, você desembaraça um fio, para ao final conseguir tomar suas decisões empoderadas. Em outras palavras, você está encontrando as chaves dos portais do autoconhecimento.

A partir de agora, você vai começar a desembaraçar o quarto fio, a descobrir a quarta chave: a CHAVE PROFISSIONAL.

Agora, o foco está voltado para sua carreira. Essa chave se enquadra para sua atual profissão ou para aquilo que gostaria de fazer. Pense na sua atuação profissional — trabalho, emprego —, no que você já fez, no que faz, no que pretende fazer. Lembre-se de que atuação profissional não está apenas relacionada a um emprego externo. Se você trabalha com afazeres domésticos ou familiares (crianças, irmãos, pais) ou ainda com ações voluntariadas, você deve concentrar tudo isto nesta chave, tudo que se relaciona com sua ocupação cotidiana. Neste momento, inclua em suas reflexões os estudos que já realizou ou que gostaria de fazer. Além do presente e passado, pense no futuro. Enxergue-se.

Pense e reflita.

Pegue o lugar que você escolheu para colocar suas anotações e faça as relacionadas à CHAVE PROFISSIONAL.

Lembre-se: estas anotações são suas, você deve ser sincero consigo mesmo.

Pergunte-se:

P1- Qual minha profissão ou ocupação?

Parece uma pergunta óbvia, mas conheci várias pessoas que não conseguiam se enxergar no que faziam. Então, descreva sua ocupação, sua profissão, seja ela fora ou dentro de casa, ou ainda seu estudo. O estudo é essencial para galgar o que se deseja profissionalmente, então, descreva o que você faz atualmente. Como exemplo, posso dizer que sou mentora e escritora. Quando penso em que me formei, deparo-me com administração de empresas e licenciatura em letras. Então, percebo que, depois dos meus estudos, fui sendo direcionada para aquilo com que tenho afinidade. Às vezes, acontece de sermos direcionados para algo rentável e que seja uma oportunidade naquele momento. Outras, não.

P2 - Qual trabalho eu estou executando atualmente? Ele me satisfaz?

Para facilitar, vou escrever a descrição que recebi uma vez para esta pergunta. A pessoa em questão me disse que era servidora pública, atuando com pareceres jurídicos todos os dias na assessoria jurídica do órgão em que atuava, que estava satisfeita pela estabilidade proporcionada pelo trabalho, mas não realizada, pois sentia que não utilizava todo seu conhecimento e potencial no trabalho, e que também sentia falta de uma pós-graduação em direito público para agregar conhecimento a sua atuação profissional atual. Este relato me chamou a atenção pois, ao mesmo tempo que a pessoa se via sendo subaproveitada, também percebia a necessidade de se qualificar mais para aquilo que estava fazendo. E esta constatação foi elucidativa para a pessoa em sua jornada de autoconhecimento. Portanto, este momento é para descrever a rotina profissional, dizendo o que você faz atualmente e se isto lhe faz bem, independentemente do motivo.

P3 - Tenho qualificação ou o know-how necessário para executar o que estou fazendo?

Aqui você deve refletir se tem a qualificação e o know-how necessários para o que faz profissionalmente. Note que qualificação é estudo, é conhecimento adquirido por meio de aprendizado. Já know-how é o conhecimento adquirido de experiências vividas, é o saber como fazer as coisas. Existem profissionais que têm apenas um estudo básico e são excelentes no que fazem, estes possuem bom know-how, assim como temos grandes profissionais com uma bagagem teórica gigantesca, o que lhes permite ser excelentes profissionais. Mas o inverso também acontece. Profissionais ruins com ou sem estudo, com ou sem know-how. Então, é importante entender que a qualificação e o know-how são relativos, pois dependem da forma como os indivíduos os aplicam às suas vidas profissionais. Você tem a qualificação — estudo — e know-how para executar suas atribuições profissionais atuais?

P4 - Reflita sobre sua jornada profissional ou ocupacional: como começou, como foi evoluindo até chegar no que faz hoje. Escreva suscintamente.

Este é um momento interessante. Faça uma viagem no tempo: se é estudante, comece com a primeira memória que tem sobre estudos; se é profissional, comece com sua primeira experiencia laboral e, se é dona de casa, comece pelos momentos de estudo e oportunidades de trabalho que teve. Busque se lembrar dos principais pontos de sua jornada profissional, de onde veio até onde está neste momento.

P5 - Quais foram os marcos de sua jornada profissional até este momento?

Identifique os aprendizados dos momentos difíceis — lembre-se de que eles passaram e você aprendeu algo — e dos momentos bons, das situações que lhe trouxeram força para continuar em frente, e registre os seus marcos desta jornada.

P6 - Quais virtudes - qualidades, pontos fortes - eu tenho relacionadas aos aspectos profissionais?

Procure em você virtudes quando o assunto é profissão. Relate usando adjetivos para se descrever. Alguns exemplos: focado, organizado, persistente, entre outros.

P7 - Quais limitantes - defeitos, pontos fracos - eu tenho relacionadas aos aspectos profissionais?

Relate suas limitantes relacionadas ao aspecto profissional. Seja sincero, mas não se deprecie.

P8 - Quais são os meus sonhos e objetivos profissionais? O que eu quero fazer profissionalmente?

Hora de registrar aquilo que você realmente quer ser profissionalmente, aquilo que é seu sonho profissional. Nada de pensar "Isto não é para mim" ou "Estou velho para isto". Agora é hora de pontuar o que você quer profissionalmente e não o que queria há dois, três, cinco ou dez anos atrás.

P9 – Para conseguir o que eu quero fazer profissionalmente, quais habilidades, ou qualidades, preciso desenvolver?

Para conseguir alcançar seu sonho profissional, descreva que habilidades você precisa desenvolver, incluindo estudos. Por exemplo: precisa aprender uma outra língua, precisa se qualificar na área de vendas, precisa aprender a falar em público e se relacionar com as pessoas socialmente. Enfim, descreva aqui as habilidades que você precisa adquirir ou aprimorar.

P10 – Quais ações eu posso fazer para conseguir realizar meus objetivos e sonhos profissionais? Quando posso viabilizá-las?

O que você precisa fazer para conseguir a situação profissional ideal? Descreva as ações, o passo a passo que você precisa fazer para chegar lá. Coloque também quanto tempo é necessário para cada uma dessas ações, para dar uma ideia do caminho que precisa trilhar nesta chave.

Para usar essa chave e destrancar o portal, é preciso organizar o que já foi desvendado até agora. Este é um MAPA do caminho da CHAVE PROFISSIONAL para você preencher.

CHAVE PROFISSIONAL

Este é o MAPA do caminho da CHAVE PROFISSIONAL para você preencher

Virtudes

✓ _____
✓ _____
✓ _____
✓ _____
✓ _____
✓ _____
✓ _____
✓ _____
✓ _____

Limitantes

✓ _____
✓ _____
✓ _____
✓ _____
✓ _____
✓ _____
✓ _____
✓ _____
✓ _____

Sonhos e Objetivos

_____
_____
_____
_____
_____
_____
_____
_____
_____
_____
_____
_____
_____
_____

Observações

Posteriormente, analisando suas respostas, escreva suas virtudes e limitantes. Use adjetivos, por exemplo, objetivo, enrolado, prático, sem foco, perdido, extrovertido, tímido, persistente, inseguro. Escreva seus sonhos e objetivos da CHAVE PROFISSIONAL e as ações necessárias — tipo um *checklist* — para que você consiga atingir seus objetivos e sonhos.

Para ir em busca da concretização desses sonhos e objetivos, é importante que seja feita uma lista — *checklist* — com os passos a serem dados. Não se esqueça de escrever suas ações utilizando verbos no infinitivo, por exemplo: fazer curso de como falar em público, escrever minha rotina em uma planilha para organizar meu tempo, organizar meus horários para estudar.

Várias pessoas utilizam esta chave como uma espécie de escudo e muitas vezes se dedicam em demasia a ela, deixando as outras de lado. Esta é uma chave muito importante, mas não se esqueça de que tudo é equilíbrio. A chave profissional é tão importante quanto as outras.

Esta é sua CHAVE PROFISSSIONAL. Guarde esta folha junto com as das demais chaves para serem utilizadas posteriormente. Lembre-se de que já temos preenchidas as chaves amarela, azul-escuro, verde e azul-claro.

Capítulo 21
CHAVE FAMILIAR

A próxima é a CHAVE FAMILIAR, que representa a quinta chave do ser humano. Você deverá refletir sobre os aspectos familiares de sua vida, ou seja, pensar em sua família, as pessoas que a compõem, você e as atitudes de todos, incluindo as suas. Nessa chave, também estão inclusos os amigos que levamos no coração e consideramos como família.

Olhar para a família pode ser uma das etapas mais difíceis. Alguns têm o sentimento de que a família está e sempre estará ali, como um bem material que é adquirido. Mas, neste momento, é importante perceber que as pessoas que fazem parte de nossa família são humanos que pensam, sentem, erram, acertam e têm suas lutas internas também, assim como você, assim como eu.

Outra visão comum, quando falamos de família, é acreditar que temos o direito de descarregar neles nossas angústias e frustrações do dia a dia, pois são as pessoas mais próximas a nós. Um dos maiores conflitos que temos em relação aos familiares é a tal da EXPECTATIVA. Criamos em nossa mente expectativas para as atitudes e os sentimentos de nossos familiares e esperamos que eles se comportem tal qual imaginamos. Neste caso, a recíproca é verdadeira, a família cria expectativas em relação a você e espera que você se comporte assim ou assado. Apesar de tudo, eles são as joias preciosas de nosso tesouro, são a fundação da construção de nossa casa, nossa vida. Família é uma benção em nossas vidas!

Os amigos que temos e levamos em nosso coração estão nesta mesma chave pois têm o mesmo efeito sobre nosso comportamento, e nós sobre o comportamento deles: expectativa e aceitação.

Visualize as pessoas que fazem parte de sua família, incluindo os mais próximos e amigos. Enxergue-se.

Pegue algo para fazer suas anotações, o mesmo onde estão registradas as demais chaves. Agora, você fará os apontamentos relacionados aos aspectos familiares.

Lembre-se: estas anotações são suas, você deve ser sincero consigo mesmo.

Faça-se perguntas como:

F1 - Quem são as pessoas que formam minha família?

Descreva as pessoas mais próximas a você, seus pais, filhos, esposo, esposa, companheiro, companheira, irmãos, amigos-família. Já me perguntaram: e os enteados e padrasto ou madrasta? Para isto, a resposta é simples: se são próximos e fazem parte de sua família, devem ser considerados. No meu caso, tenho uma lista extensa, o que é bom, mas também me traz alguns conflitos existenciais quando me preocupo em não os decepcionar: pais, irmãos, sobrinhos, agregados (dos irmãos). Quem está na lista de sua família?

F2 - Quem são meus verdadeiros amigos? Como me relaciono com cada um deles?

Aqui devemos avaliar os verdadeiros amigos, não os de festa e eventos sociais, e sim os de toda hora, para tudo, momentos bons e ruins, alegrias e tristezas. Descreva quem são esses amigos e como se relaciona com eles. No meu caso, posso dizer que tenho duas amigas que são de coração. Nós nos vemos muito esporadicamente, a cada um ou dois anos, e moramos na mesma cidade. Mas a distância não nos afasta, pois quando nos vemos é como se nunca estivéssemos longe, é reconfortante e agradável. Avalie seus verdadeiros amigos.

F3 - Eu gosto de minha vida familiar? E dos meus familiares? E dos meus amigos? Por quê?

Este é um ponto delicado, pois expressar o posicionamento de como se sente com a vida familiar que tem é muitas vezes dolorido. Lembre-se de, enquanto responde às quatro perguntas que temos no F3, não refletir suas frustações e escolhas como responsabilidade de seus entes próximos. Você gosta de sua rotina de vida familiar? Gosta de seus familiares e amigos? Por que você se sente desta forma?

F4 - Como eu acredito que eles – familiares e amigos – me enxergam? Por quê? O que acho que eles esperam de mim?

Muitas vezes, criamos uma autoimagem que não é real. Como você acha que os que o rodeiam o veem? O que você acha que eles esperam de você? Explique o motivo pelo qual você pensa isso.

F5 - Quais virtudes - qualidades, pontos fortes - eu tenho relacionadas aos meus familiares? E aos meus amigos?

Procure suas virtudes com relação à família e aos amigos. Descreva suas principais qualidades com adjetivos.

F6 - Quais limitantes - defeitos, pontos fracos - eu tenho relacionadas aos meus familiares? E aos meus amigos?

Pondere sobre as suas limitações relacionadas aos aspectos familiares e de amizade, sobre suas atitudes e comportamentos para com eles.

F7 - O que espero de minha família, de cada um? E dos meus amigos?

Lembre-se de que nosso limite acaba onde começa o do outro, e não devemos magoar as pessoas que amamos. Fale das suas expectativas e sua capacidade de aceitação em relação aos seus familiares e amigos.

F8 - Quais meus objetivos em relação à família? E em relação aos amigos?

Pondere sobre o que você quer para sua vida familiar. Anote, também, o que deseja nas suas relações de amizades.

F9 – Meus objetivos familiares estão visando ao equilíbrio e à saúde da família? Por quê? E com relação às amizades, minhas amizades são equilibradas?

Este é um ponto muito importante. Algumas pessoas são preocupadas demais com o próprio umbigo e não percebem que acabam tendo comportamentos danosos às relações familiares. Já outras acabam se dedicando demais aos familiares, sem se perceber e se valorizar, e acabam com as expectativas frustradas. Portanto, o equilíbrio é essencial para um convívio familiar saudável. O mesmo se aplica às amizades, que podem ser benéficas ou não, conforme a influência que exercem sobre nós e que exercemos sobre elas. Seus objetivos familiares são equilibrados?

F10 – Quais ações eu posso fazer para conseguir realizar meus objetivos familiares? Quando posso viabilizar? E com relação às amizades?

Este é um passo a passo que muitas pessoas deixam em segundo plano na vida. Mas a vida passa e esta chave vai sendo cada vez mais sacrificada. Então, pensando nos seus objetivos familiares, descreva os passos para concretizá-los. Não se esqueça de colocar datas.

Pensar em aspectos materiais e profissionais é um pouco mais fácil, mas o planejamento de nossas vidas familiares é bem mais complexo.

Para usar esta chave e destrancar o portal, é preciso organizar o que já foi desvendado até agora. Este é um MAPA do caminho da CHAVE FAMILIAR para você preencher.

CHAVE FAMILIAR

Este é o MAPA do caminho da CHAVE FAMILIAR para você preencher

Virtudes

- ✓ _____
- ✓ _____
- ✓ _____
- ✓ _____
- ✓ _____
- ✓ _____
- ✓ _____
- ✓ _____
- ✓ _____

Limitantes

- ✓ _____
- ✓ _____
- ✓ _____
- ✓ _____
- ✓ _____
- ✓ _____
- ✓ _____
- ✓ _____
- ✓ _____

Sonhos e Objetivos

_____
_____
_____
_____
_____
_____
_____
_____
_____
_____
_____
_____
_____
_____

Observações

Agora, analisando suas respostas, escreva suas virtudes e limitantes. Use adjetivos, por exemplo, companheiro, distante, apático, presente, ausente, participativo, esquentado, tranquilo. Escreva seus sonhos e objetivos da CHAVE FAMILIAR e as ações necessárias — tipo um *checklist* — para que você consiga atingir seus objetivos e sonhos.

Para ir em busca da concretização desses sonhos e objetivos, é importante que seja feita uma lista — *checklist* — com os passos a serem dados. Não se esqueça de escrever suas ações utilizando verbos no infinitivo, por exemplo: ser mais presente em casa, ter mais paciência e tolerância com meus filhos ou companheiro, programar passeios em família, ligar para meu irmão quinzenalmente.

Esta é sua CHAVE FAMILIAR. Guarde esta folha junto com as das demais chaves para serem utilizadas posteriormente. Lembre-se de que já temos preenchidas as chaves amarela, azul-escuro, verde, azul-claro e vermelha.

Capítulo 22
CHAVE ÍNTIMA

Cinco chaves foram tratadas até agora, apontando os caminhos que levam às portas de nosso interior e trazendo reflexões sobre como agimos diariamente.

Cada chave abre uma porta, para ao final você conseguir tomar suas decisões empoderadas.

Agora, o fio a ser desembaraçado é o laranja, que representa a sexta chave do poder, a CHAVE ÍNTIMA. Pense em sua intimidade, nos seus sonhos íntimos, relacionamentos amorosos, no amor, no desejo carnal, no sexo.

Algumas pessoas ficam constrangidas até mesmo de pensar a respeito, com medo de serem julgadas, com vergonha de si mesmas ou por contradizer as próprias crenças — o que aprenderam sobre isso.

Respire fundo, tranquilize-se. Pensar na intimidade é importante, é necessário para que cada um se conheça melhor. Este é um momento seu e de mais ninguém, são seus pensamentos, seus sentimentos. Portanto, não tenha pudores consigo mesmo, deixe sua imaginação flutuar e buscar aquilo que o satisfaz e pode vir a satisfazer intimamente.

Focando em desembaraçar este fio laranja, pense no que já fez em sua vida íntima, no que tem feito atualmente e no que gostaria de fazer.

Pense, sinta, enxergue-se.

Pegue algo para fazer suas anotações, o mesmo onde estão os apontamentos das demais chaves. Agora, você fará anotações relacionadas aos aspectos íntimos.

Lembre-se, estes registros são apenas seus, você deve ser sincero consigo mesmo.

Pergunte-se:

11 - Como está minha vida íntima?

Algumas pessoas não sabem responder. Pense em como tem sido sua vida íntima, seus momentos de intimidade, seu amor ou amores, romance, sexo e desejos. A vida íntima pode estar parada, sem alguém para compartilhar tais momentos, pode estar igual há muito tempo, ou superagitada, conhecendo pessoas novas constantemente. São infinitas as possibilidades. Outras pessoas criam um bloqueio, não se permitindo sentir e entender-se em relação à intimidade. A intimidade refere-se a sentimentos, momentos de cumplicidade e relações sexuais. É um conjunto, não é só sexo. Lembre-se de não refletir seus desejos e vontades no outro, pensando que ele ou ela poderia ser assim ou fazer assado. Nossa capacidade de mudança restringe-se aos nossos próprios comportamentos e atitudes, e não em querer mudar o outro.

12 - Eu gosto da forma como estou conduzindo minha vida íntima? Por quê?

Há pessoas felizes e infelizes com a própria intimidade. Há casais ou parceiros que se completam e se satisfazem mutuamente, e aqueles que precisam descobrir novos caminhos para gerar a cumplicidade que a intimidade deve trazer a uma relação. Entender os fatos que fazem você se sentir bem ou não é essencial para o compartilhamento de momentos especiais com o parceiro. Se nem você sabe do que gosta intimamente, como quer compartilhar com alguém momentos de prazer e deleite? Entenda os seus sentimentos em relação à forma como conduz sua intimidade, tanto na cama como fora dela, no dia a dia, na convivência com o parceiro.

13 - O que eu já fiz intimamente?

Relembre mentalmente suas experiências íntimas — lembre-se de pegar as memórias ruins e jogá-las fora mentalmente, guardando apenas os aprendizados e as memórias boas. Para descartar essas memórias ruins, pode utilizar uma técnica mental. Pegue a foto mental do que não é bom, deixe a foto cinza e vá diminuindo o tamanho dela em sua mente, tornando o espaço vazio colorido. Deixe a foto cinza cada vez menor e vá preenchendo o espaço com luz e sensações gostosas de alegria. Rasgue esta pequenina foto e jogue-a fora ou queime-a. Esta memória não faz mais parte de sua vida, da pessoa que você escolheu ser daqui para frente. Busque seus aprendizados e momentos bons de intimidade, e responda à questão.

14 - Você se conhece intimamente? Sabe o que gosta ou não?

Olhe para seu próprio corpo, para seus sentimentos e pensamentos mais íntimos. Identifique o que você gosta e o que não gosta. Busque conhecer-se para que possa encontrar alguém para compartilhar sua intimidade. Se você não se conhecer, como espera que alguém satisfaça seus anseios físicos e sentimentais? Conheça-se.

15 - Quais fantasias ou desejos íntimos passam pela minha mente?

Primeiro é necessário entender que fantasias e desejos não são coisas erradas de pensar e sentir. O errado é quando você os faz pensando em algo que desrespeite a si mesmo ou alguém. Por exemplo, uma pessoa casada ficar fantasiando com outra pessoa que não seu companheiro, ou uma pessoa desejar outra que está comprometida ou que já deixou claro que não a quer. As fantasias e desejos geram uma carga energética grande, portanto devem ser bem direcionadas sem invadir a privacidade do outro. Não será abordado aqui o que é correto e incorreto. O que é universal e deve ser ponderado é o respeito ao próximo e a si mesmo.

16 - Quais sonhos íntimos eu quero conhecer e experimentar?

Diferentemente da questão anterior, em que foram tratadas as fantasias e os desejos que passam na mente, aqui o foco é o que você quer conhecer e experimentar, incluindo sentimentos. Reflita sobre os momentos de intimidade que gostaria de compartilhar consigo e mais alguém, aqueles momentos que dão um friozinho na barriga, ou geram um olhar tímido ou um sorriso safado involuntariamente. Lembre-se de que nosso limite acaba onde começa o do outro, e não devemos magoar as pessoas que amamos e convivem conosco.

I7 - Quais virtudes - qualidades, pontos fortes - eu tenho relacionadas aos aspectos íntimos?

Procure suas virtudes quando o assunto é intimidade — sentimentos, momentos de cumplicidade e relações sexuais. Descreva suas principais qualidades com adjetivos.

I8 - Quais limitantes - defeitos, pontos fracos - eu tenho relacionadas aos aspectos íntimos?

Pondere sobre as suas limitações relacionadas aos aspectos íntimos — sentimentos, momentos de cumplicidade e relações sexuais.

I9 - O que entendo como satisfação e equilíbrio para minha vida íntima?

Tudo na vida é equilíbrio, portanto, na chave íntima não é diferente. A satisfação e o equilíbrio ea nossa intimidade são fundamentais para uma vida harmoniosa. Reflita como seria este processo.

I10 - Quais ações eu posso fazer para conseguir realizar meus sonhos mais íntimos? Quando posso viabilizá-las?

Descreva o passo a passo para concretizar seus sonhos pontuados na questão I6. Não se esqueça de colocar datas.

Neste processo, devem ter ações que dependam somente de você, não há como colocar prazos para outras pessoas.

 Conhecer-se intimamente faz parte do processo de amadurecimento pessoal e autoconhecimento, saber o que gosta ou não, amar-se como é, respeitar-se para que assim possa compartilhar momentos de intimidade e cumplicidade com alguém.

 Para usar esta chave e destrancar o portal, é preciso organizar o que já foi desvendado até agora. Este é um MAPA do caminho da CHAVE ÍNTIMA para você preencher.

CHAVE ÍNTIMA

Este é o MAPA do caminho da CHAVE ÍNTIMA para você preencher

Virtudes

- ✓ _____
- ✓ _____
- ✓ _____
- ✓ _____
- ✓ _____
- ✓ _____
- ✓ _____
- ✓ _____
- ✓ _____

Limitantes

- ✓ _____
- ✓ _____
- ✓ _____
- ✓ _____
- ✓ _____
- ✓ _____
- ✓ _____
- ✓ _____
- ✓ _____

Sonhos e Objetivos

_____
_____
_____
_____
_____
_____
_____
_____
_____
_____
_____
_____

Observações

Agora, analisando suas respostas, escreva suas virtudes e limitantes. Use adjetivos, por exemplo, extrovertido, tímido, sexy, desajeitado, carente, independente, desapegado, romântico, bonito, feio, quente, frio. Escreva agora seus sonhos e objetivos da CHAVE ÍNTIMA e as ações necessárias — tipo um *checklist* — para que você consiga atingir seus objetivos e sonhos.

Para ir em busca da concretização desses sonhos e objetivos, é importante que seja feita uma lista — *checklist* — com os passos a serem dados. Não se esqueça de escrever suas ações utilizando verbos no infinitivo, por exemplo: aprender pompoarismo, buscar coisas para apimentar uma relação, conversar sobre sonhos íntimos com o parceiro, assistir à trilogia *50 Tons de Cinza*.

Esta é sua CHAVE ÍNTIMA. Guarde esta folha junto com as das demais chaves para serem utilizadas posteriormente. Lembre-se de que já temos preenchidas as chaves amarela, azul-escuro, verde, azul-claro, vermelha e laranja.

Capítulo 23
CHAVE ESPIRITUAL

Os portais do autoconhecimento estão aparecendo a sua frente, um a um. Seja persistente e continue refletindo sobre as chaves de sua vida. EMPODERE-SE!

O sétimo fio é o da CHAVE ESPIRITUAL, que será representada pela cor violeta e está relacionada aos aspectos espirituais da vida, como religião, fé e crença.

Quando o assunto é espiritual, as pessoas costumam estabelecer uma postura defensiva, pois têm medo de serem atacadas por suas crenças. Aqui, o respeito está acima de tudo, independentemente de sua religião ou crença.

Você já encontrou algo que o preencha espiritualmente ou ainda está buscando? Não se preocupe! Você deve pensar a respeito dos valores morais e espirituais que possui para organizar este fio.

Pense em sua espiritualidade, em que você tem fé e acredita, nos seus valores morais. Enxergue-se!

Pegue algo para fazer suas anotações, de preferência o mesmo onde estão os demais apontamentos das chaves já trabalhadas. Agora, você fará anotações relacionadas aos aspectos espirituais.

Pergunte a si mesmo:

S1 - Em que eu acredito?

Cada pessoa tem uma base de valores e crenças que, quando agregadas às vivências e experiências de vida, formam sua base espiritual. Descreva em que você acredita quando se trata de espiritualidade.

S2 - Quais são os ensinamentos trazidos de minha fé?

Relacione quais os pilares que embasam sua fé, suas crenças. Exemplificando: o cristão acredita em Cristo, seja um evangélico, um católico ou um espírita. O budista acredita nos ensinamentos de Buda. O ateu tem um eixo norteador de vida. Portanto, todos temos como base ensinamentos que vão além do mundo físico e transcendem as explicações mundanas. Os ensinamentos podem ser os dez mandamentos dos cristãos, ou algum outro.

S3 - Quais são os valores morais em que acredito? Por exemplo: honestidade, fidelidade, simplicidade, amor ao próximo, etc.

Valores morais são diferentes de ensinamentos de fé. Ensinamentos de fé são posturas baseadas em crenças espirituais. Valores morais são códigos de conduta para uma vida harmônica, saudável e correta.

S4 - Eu pratico os valores morais e ensinamentos trazidos de minha fé? Por quê? Como os pratico?

Uma situação que vemos com frequência em valores morais é, por exemplo, uma pessoa que prega o amor ao próximo, o perdão, mas se fizer algo para ela recebe na mesma moeda, como traição que se paga com traição. Essa pessoa realmente tem como valor o perdão? Não cabe aqui julgar certo e errado, mas vingança e perdão não andam juntos, portanto, seja sincero consigo mesmo ao colocar os valores que pratica.

S5 - Por que a espiritualidade é importante em minha vida?

Reflita em que aspecto a espiritualidade é importante em sua vida e o motivo. Para mim, a espiritualidade é o momento em que confronto minhas ações cotidianas com os ensinamentos em que acredito, para que amanhã possa tentar ser um ser humano melhor para os que me rodeiam e para mim. Ou, minha missão de vida é auxiliar o próximo por meio de ações ou missões de minha congregação. Nesses exemplos, é possível entender a importância deste momento de autorreflexão para o crescimento espiritual.

S6 - Quais virtudes - qualidades, pontos fortes - eu tenho relacionadas aos aspectos espirituais?

Procure suas virtudes quando o assunto é espiritualidade. Descreva suas principais qualidades com adjetivos.

S7 - Quais limitantes - defeitos, pontos fracos - eu tenho relacionadas aos aspectos espirituais?

Pondere sobre as suas limitações relacionadas aos aspectos espirituais e aos valores morais.

S8 - Quais meus objetivos e sonhos em relação à espiritualidade?

Identifique o que você precisa ou quer desenvolver quando se fala de crenças, fé e valores morais.

S9 - Meus objetivos espirituais estão focados no meu equilíbrio interno?

Pondere se os objetivos espirituais descritos na questão anterior visam ao seu equilíbrio interno e se, buscando esses objetivos, você será uma pessoa mais equilibrada espiritualmente. Reflita.

S10 - Quais ações eu posso fazer para conseguir realizar meus objetivos espirituais? Quando posso viabilizá-las?

Descreva o passo a passo para concretizar seus sonhos e objetivos espirituais. Estipule prazos.

Para usar esta chave e destrancar o portal, é preciso organizar o que já foi desvendado até agora. Este é um MAPA do caminho da CHAVE ESPIRITUAL para você preencher.

CHAVE ESPIRITUAL

Este é o MAPA do caminho da CHAVE ESPIRITUAL para você preencher

Virtudes

- ✓ _____
- ✓ _____
- ✓ _____
- ✓ _____
- ✓ _____
- ✓ _____
- ✓ _____
- ✓ _____
- ✓ _____

Limitantes

- ✓ _____
- ✓ _____
- ✓ _____
- ✓ _____
- ✓ _____
- ✓ _____
- ✓ _____
- ✓ _____
- ✓ _____

Sonhos e Objetivos

_____
_____
_____
_____
_____
_____
_____
_____
_____
_____
_____
_____

Observações

Agora, analisando suas respostas, escreva suas virtudes e limitantes. Use adjetivos, por exemplo: crente, cético, praticante, desinteressado, evoluído, aberto, inflexível. Escreva seus sonhos e objetivos da CHAVE ESPIRITUAL e as ações necessárias — tipo um *checklist* — para que você consiga atingir seus objetivos e sonhos.

Para ir em busca da concretização desses sonhos e objetivos, é importante que seja feita uma lista — *checklist* — com os passos a serem dados. Não se esqueça de escrever suas ações utilizando verbos no infinitivo, por exemplo: buscar o preenchimento de meu vazio espiritual, dedicar-me às ações solidárias promovidas pelo local que frequento, orar ou rezar todos os dias, respeitar as crenças dos que estão à minha volta.

Este é seu MAPA da CHAVE ESPIRITUAL.

Com esta sétima chave, você concluiu mais uma etapa de sua jornada pelo autoconhecimento. Pronto para o próximo passo?

CHAVES DO PODER

PERMITA-SE **ENCONTRE-SE**
REALIZE-SE
AÇÃO **INDIVIDUAÇÃO**
AUTOCONHECIMENTO
CONCRETIZAÇÃO
SONHOS **VIRTUDES**
EMPODERAMENTO
ACEITAÇÃO
COMPREENSÃO
FELICIDADE
ATITUDE
AUTORREALIZAÇÃO
FORÇA
CONQUISTAS
CORAGEM
RESPEITO
LIBERDADE

PARTE III

Realize-Se

Todas as chaves foram encontradas nesta longa jornada. A parte mais difícil da caminhada do autoconhecimento você já concluiu.

Agora, você tem as sete chaves para os portais de seu mundo interior. Com certeza, até aqui, houve momentos de frustração, raiva, cansaço, mas, também de descobertas e redescobertas da pessoa incrível que você é e pode ser para si e para o mundo.

Primeiro você passou pela fase do PERMITA-SE, possibilitando esta jornada, abrindo a mente para seus conceitos e visão de mundo.

E agora, você acabou de concluir a fase do ENCONTRE-SE, conhecendo-se um pouco mais a cada questão que refletiu sobre como você se enxerga e como enxerga o mundo no qual está inserido. O processo de AUTOCONHECIMENTO é esse, é questionar-se para compreender-se é enxergar suas limitações para trabalhá-las e melhorá-las, e também perceber as qualidades maravilhosas que possui para conseguir se valorizar.

Mas nossa jornada não acabou ainda! Vamos para a etapa REALIZE-SE, que é o empoderamento de si mesmo, é utilizar tudo que aprendeu sobre si mesmo para transformar sua vida naquilo que você realmente merece. É usar suas chaves do poder e abrir os sete portais de seu mundo interior.

Capítulo 24
SEU GRANDE ENCONTRO

PARABÉNS!!!!

Até agora, você percorreu um longo caminho buscando se conhecer melhor.

Neste momento, você possui muitas respostas, mas ainda tem algumas perguntas. Tem muitos objetivos, mas por onde começar?

Lembra-se de nosso emaranhado de fios?

VOCÊ ANTES!!!

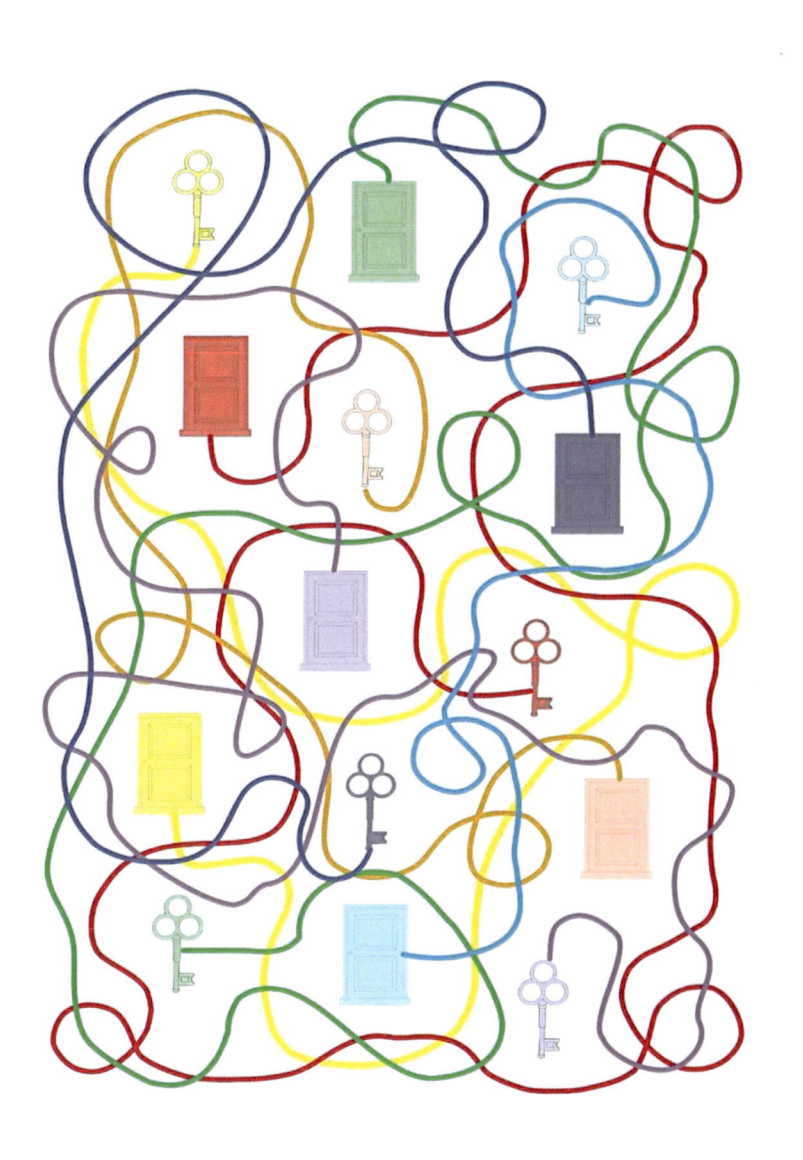

Você já desembaraçou todos eles, encontrou as chaves e descobriu os caminhos para seu mundo interior.

VOCÊ AGORA!!!

Nosso próximo passo é usar todas estas chaves.

Mas como?

Para isso, vamos utilizar os MAPAS que você preencheu. Este é um exercício mental e emocional que deve ser realizado com tranquilidade. Pegue as folhas e coloque os MAPAS como na imagem acima — você no centro e eles ao seu redor. Cada mapa é uma chave.

Olhe, observe e leia com calma as limitantes de todas as chaves. Entenda este fator em todas as chaves. Aceite-se! Todos temos limitantes e também virtudes. Respeite-se! Enxergue aquilo que você precisa melhorar.

Respire fundo, olhe, observe e leia em voz alta com calma as virtudes de todas as chaves. Sorria, visualize e sinta o bem-estar provocado por reconhecer que você tem muitas qualidades! Valorize-se!

Tentando pensar em formas de utilizar ao máximo suas virtudes para conquistar o que deseja, leia seus objetivos de todas as chaves. Pense em como pode alcançá-los. Lembre-se das perguntas-base para buscarmos os caminhos:

- O quê?
- Como?
- Quando?
- Onde?
- Por quê?
- Quanto tempo?
- Quanto custa?
- Há outros caminhos?
- Quais as possibilidades?

É normal que você sinta vontade de mexer nas informações de seus mapas, sejam virtudes, limitantes e até sonhos, pois, ao longo desta jornada, sua visão de si mesmo e do mundo vão se tornando mais sistêmicas, amplas e completas. Faça ajustes nos seus mapas, risque suas chaves complementando e alterando o que julgar necessário.

Agora você já se autoconhece. Sim, você pode dizer que você se conhece! É claro que, a cada dia, podemos descobrir mais e mais coisas sobre nós mesmos. Então, vem comigo e vamos utilizar este autoconhecimento para que você se empodere de si mesmo e REALIZE-SE.

Você tem muitos objetivos e sonhos e, para que consiga concretizá-los, é preciso se organizar.

Vamos estabelecer prioridades!

As prioridades são importantes, pois não conseguimos fazer 100% de tudo ao mesmo tempo. As pessoas tentam ser 100% no trabalho, 100% em casa, 100% com a família, 100% nos esportes, 100% nos relacionamentos com os amigos, enfim, 100% em tudo. E pior, muitas vezes os que nos rodeiam esperam que sejamos 100% em tudo. Esta tentativa vã de buscar tudo ao mesmo tempo é um dos principais fatores que levam as pessoas ao estresse emocional.

Então, escolha alguns dos seus objetivos, um, três ou quantos você entender que consegue para iniciar. Elenque, numerando suas prioridades, qual você vai começar a se dedicar primeiro (que você julga importante e possível de ser alcançado), qual vem em seguida e assim por diante. Não existe uma regra para estabelecer esta prioridade, siga seu coração.

Você pode montar uma lista, como no exemplo a seguir.

PRIORIDADES

Objetivos	Passos	Início	Fim

APÓS TODAS ESTAS REFLEXÕES, VOCÊ PODE AFIRMAR COM SEGURANÇA QUE POSSUI O TÃO ALMEJADO AUTOCONHECIMENTO!

Capítulo 25
A CHAVE DO PODER

Esta jornada está terminando, e agora você já é capaz de REALIZAR-SE.

Vamos transformar o AUTOCONHECIMENTO em EMPODERAMENTO PESSOAL.

Você respondeu muitas perguntas sobre si mesmo. Pensou, refletiu e organizou mentalmente vários objetivos que quer alcançar. Tudo que você fez até o momento faz parte do processo de autoconhecimento e planejamento de uma vida plena e feliz. O que falta para você alcançar seus objetivos de vida e sentir PLENITUDE e FELICIDADE em todas as células de seu corpo?

Sim, AÇÃO!

Este é o momento de agir. É preciso que você pegue suas chaves e gire-as, abrindo todos os portais, permitindo que as luzes de cada portal se misturem, pois são a luz em seu eu interior.

Transforme seu AUTOCONHECIMENTO…

…em REALIZAÇÃO

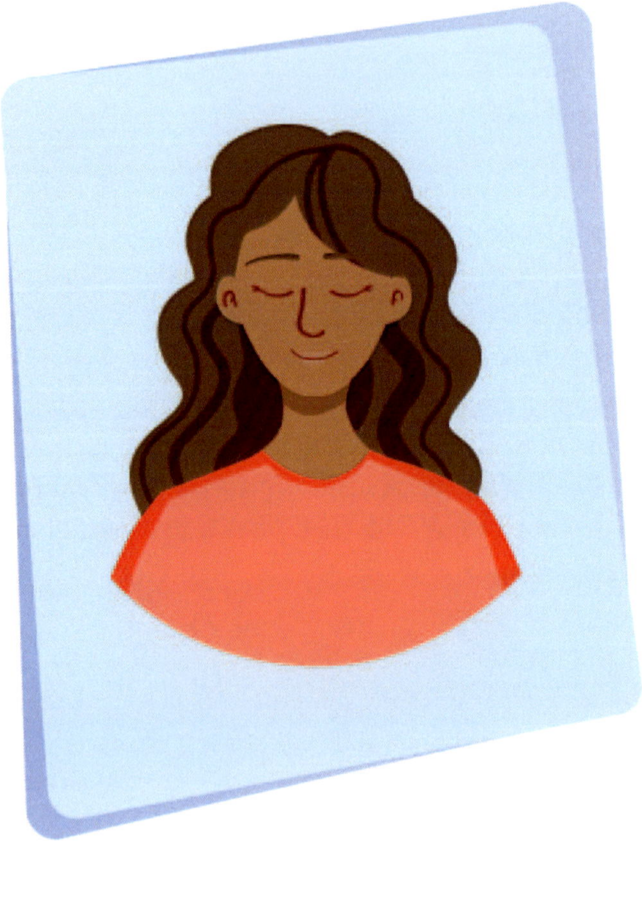

Mas como começar a realizar seu primeiro objetivo?

Pegue sua lista de prioridades e comece a buscar as alternativas, os passos para essa realização.

Por exemplo: se nas chaves profissional e educacional um dos objetivos é aprender uma língua estrangeira, reflita sobre como concretizar isso, buscando na internet ou pesquisando na cidade em que mora os locais que oferecem o curso que gostaria, se seus recursos financeiros são suficientes para arcar com os custos, se consegue conciliar o tempo de sua rotina, se tem alguma opção gratuita nas redes sociais, Youtube, *podcasts*, para que você possa iniciar esse objetivo mesmo que ainda não tenha o dinheiro necessário. Possibilidades traçadas, agora é respirar fundo e correr atrás, colocar em prática.

Uma outra situação que pode ser citada aqui como exemplo é buscar algo ou alguém que possa auxiliar em uma fase difícil (emocional, profissional, ou de outra chave). Buscar um profissional especializado — como terapeuta ou psicólogo — para orientá-lo neste momento delicado. Ou, por estar em uma fase difícil, tentar trazer um pouquinho de alegria para sua vida. Se você ama animais, pode traçar o objetivo de ter um cachorrinho, um companheiro animal. Então, busque uma forma de viabilizar este sonho, analisar se onde mora é um lugar bom para abrigar um cachorrinho, se quer um de raça, se tem dinheiro para comprar o bichinho, se prefere resgatar um *pet* de uma ONG ou de um abrigo de animais, se consegue conciliar seu tempo para dar atenção e amor ao novo familiar. Pensado sobre tudo isso, está esperando o que para deixar seu dia mais feliz e ter um companheiro fiel para todas as horas? É claro que aqueles empecilhos que você identificou terão que ser solucionados para concretizar esse objetivo.

Desafios, empecilhos e imprevistos sempre irão existir. É preciso levantar-se e lutar pela liberdade, pela felicidade, pela vida plena que você merece!

Outro exemplo: quero mudar de vida radicalmente. Decidi que meu trabalho não me satisfaz como gostaria e, como passo grande parte do dia a dia, ou seja, da vida trabalhando, quero algo que, quando eu acorde, me dê vontade de levantar e viver plenamente mais um dia. Entendi que o local e a rotina que tenho não são o que busco para mim e agora sei do que sou capaz. Portanto, decidi recomeçar, mudar de cidade para um novo trabalho, uma nova casa, um novo ambiente. Obviamente que isto não cai do céu, então começo a direcionar esforços para concretizar este sonho. E em algum tempo me vejo em uma vida completamente nova, onde me encontro com meu eu interior e percebo que sou o único responsável pela minha própria felicidade.

Agora, que tal colocar em prática o que você pensou sobre seus objetivos? Dê o próximo passo, entre neste portal, coloque em prática seus sonhos porque você merece sentir coisas que lhe permitam sorrir, ser feliz, respirar levemente e deixar fluir a plenitude que está contida dentro de você. Transforme sua vida em algo que realmente faça bem a sua alma.

Desperte o amor-próprio superior que está dentro de você! Ame-se!

Capítulo 26
VIVA INTENSAMENTE SEU MUNDO INTERIOR

Esta jornada tratou de muitos assuntos, exercitou suas percepções, seus pensamentos e sentimentos e o auxiliou a encontrar seu caminho para você trilhá-lo. Você pode repetir as práticas propostas na primeira parte para ampliar e permitir-se cada vez ir mais longe. Pode reler e refazer a segunda parte e se aprofundar em seu verdadeiro eu. Mas, acima disso tudo, faça a terceira parte, AJA, corra atrás de seus sonhos, transforme-os em realidade e seja muito, muito feliz consigo mesmo, com o ser maravilhoso que você é!

Você se desafiou, enfrentou seu maior inimigo: seus pensamentos e sentimentos, e descobriu que eles são seus melhores amigos também.

Julgamento, medo, vulnerabilidade, fuga, zona de conforto, direitos, deveres, expectativas, imposições sociais e amor-próprio inferior foram alguns paradigmas tratados nesta empreitada.

Energia, saúde, discernimento, respeito, liberdade, equilíbrio, tolerância, consciência individual e coletiva, persistência, sinceridade, aprendizado, verdade, valorização, realização, paz interior, superação, felicidade, amor, plenitude, atitude foram algumas das palavras poderosas que descobrimos que precisamos puxar para nossa vida diariamente.

Lembre-se de que a vida é uma balança e você é responsável pelas suas decisões. Você é quem deve tomar as decisões de sua vida, fazer suas escolhas. O equilíbrio dessa balança da vida está na harmonia das suas emoções, sentimentos, pensamentos, decisões e ações.

Algo muito importante que precisamos ter em mente é que, a cada dia, aprendemos mais e mais, que a vida é maravilhosa e nossa caminhada é uma escola onde, a todo momento, aprendemos um pouco mais sobre nós mesmos e sobre o mundo em que vivemos, conhecemos pessoas novas que nos ensinam algo e ensinamos também a elas com nossas atitudes e comportamentos que a vida vale a pena e que o mundo está repleto de pessoas incríveis. Basta fecharmos os olhos, nos permitirmos enxergar e, quando os abrirmos, veremos que podemos fazer do mundo um lugar melhor.

Força, fé, perseverança, autoconhecimento, vontade, coragem, amor, PODER… Tudo isso você já possui, senão, não teria chegado até aqui.

ENTÃO…

- Permita-se!
- Descubra-se!
- Encontre-se!
- Empodere-se!
- Liberte-se!
- Realize-se!
- Ame-se!
- E viva a vida que você merece!

Este é um livro prático e eu gostaria muito de saber como foi (ou está sendo) sua experiência com ele e as práticas propostas. Pode ser por texto ou vídeo! Mande um e-mail para mim no **cassi.klebis@gmail.com** ou *direct* pelo instagram **@seeyourselfacademy**.

Estou esperando!

A AUTORA

Cassi Klebis é mentora de desenvolvimento pessoal e profissional. Estruturou o Método BE em 2018, quando percebeu que a dinâmica que aplicava desde 2015 transformava a vida de seus mentorandos. Em 2021, publicou o livro *Os Portais do Autoconhecimento* como uma ferramenta de aplicação prática do Método BE, acessível a todas as pessoas que buscam o autoconhecimento. Também é fundadora da SeeYourself Academy e sócia da 3DK Consultoria e Comunicação.

Chaves do Poder

Use o QR-Code para download dos formulários indicados no e-book.

Prioridades